*Guía del maestro*

SERIE PASO A PASO

# Guía del maestro

EDITORIAL PLAZA MAYOR

*Guía del maestro (Serie Español paso a paso)*

SEGUNDA EDICIÓN, 1996
© EDITORIAL PLAZA MAYOR, INC., 1993
Ave. Ponce de León, 1527
Barrio El Cinco
San Juan, Puerto Rico, 00926
ISBN: 1-56328-039-6
Impreso en España/Printed in Spain
Talleres Gráficos Peñalara
Ctra. Villaviciosa a Pinto, km 15,180
Fuenlabrada (Madrid)
Depósito legal: M-29606-1996

# ÍNDICE

# Guía del maestro

Correspondiente al *Cuaderno del estudiante*
para la Serie de Gramática Estructural
ESPAÑOL PASO A PASO

## Nivel 1

# INTRODUCCIÓN

La Serie *Paso a paso* se preparó con el fin de facilitar al estudiante y al maestro el acercamiento a la gramática estructural. El enfoque tradicional hoy no tiene vigencia, ya que no responde al método científico que abarca otras áreas importantes del conocimiento humano y que la lingüística incorporó tardíamente.

Este Primer Nivel es fundamental para el niño. Representa el inicio formal de su educación académica y, por ende, el comienzo en la adquisición de unas destrezas y aptitudes que orientarán su desarrollo lingüístico.

El maestro ha de estar alerta para que este primer encuentro del niño con el moderno estructuralismo gramatical sea agradable y sencillo. El uso de la nueva nomenclatura o conjunto de vocablos técnicos no representará un problema para el niño en este Primer Nivel por iniciarse en su conocimiento.

Para el maestro, que con toda probabilidad pasará por un período de transición de la gramática tradicional a la estructural, tampoco ha de ser un grave problema porque no se trata de cambio radical. En la nueva nomenclatura gramatical se conserva, básicamente, la terminología generalmente conocida.

El enfoque gramatical tradicional se aparta de la sistematización que requiere todo acercamiento científico a la lengua. No puede sistematizarse si no existe una unificación, por lo que es necesario lograr un acercamiento al material lingüístico por medio de una ordenación juiciosa de dicho contenido. La gramática estructural estudia las formas lingüísticas que resultan de las relaciones de los elementos lingüísticos, los cuales se estudian como partes integrantes de un todo. Es esa totalidad de elementos interrelacionados lo que denominamos **estructura**. La gramática es, pues, el análisis de esas estructuras. Lo importante en este enfoque moderno es la lengua en función y la gramática al servicio de ella. La gramática y la lengua se complementan mutuamente.

En el proceso de enseñanza, el maestro debe hacer las adaptaciones que estime convenientes y llevar los conceptos de la manera que considere más apropiada; pero siempre hará un inicio correcto de los conceptos gramaticales. Su máxima atención se centrará en las diferencias individuales y las características especiales de su grupo, así como en el desarrollo óptimo de unas destrezas lingüísticas.

En este Nivel se usarán las unidades de experiencia, las unidades de lectura, los libros de texto, las adivinanzas, las canciones, etc. El maestro puede preparar otros materiales de lectura de acuerdo con su grupo particular de alumnos y las necesidades peculiares de cada uno.

Después de introducido el concepto, el alumno —dirigido constantemente por el maestro— pasará a trabajar en el *Cuaderno del estudiante*. Si aún necesita más práctica, el profesor preparará otros ejercicios similares a los del *Cuaderno*. Si el niño no domina la mecánica de la lectura, será guiado de manera independiente por el maestro. Éste tendrá presente en todo momento las diferencias individuales y proveerá el material docente que pueda ayudar a cada alumno, de acuerdo con su propio estilo o inclinaciones para aprender.

La enseñanza se ofrecerá siempre en un contenido literario, nunca en forma aislada. Se determinará qué contenido y cuándo empezarlo por medio del diagnóstico. Éste deberá realizarse constantemente para que el maestro pueda llevar a cabo una planificación eficaz que responda a las necesidades particulares de cada alumno.

El momento para presentar el *Cuaderno* a los estudiantes dependerá, en gran medida, del grado de madurez de éstos.

Deseamos insistir en que esta *Guía* no pretende constreñir al maestro, sino sugerirle algunas alternativas. Son el maestro y sus alumnos los que realmente establecen las reglas del "juego" en el proceso de enseñanza y aprendizaje.

# I. LA ORACIÓN, LA PROPOSICIÓN, LA PALABRA, LA SÍLABA Y EL FONEMA

El maestro podrá utilizar las unidades de experiencia y las de lectura, así como poemas, rimas y adivinanzas propios del Nivel para señalar las particularidades de expresión, ya que éstos serán los primeros encuentros "literarios" que el educador podrá ofrecer al alumno. A continuación damos un modelo de un cartel de experiencia. Para redactarlo se podrá partir de una narración, una excursión, una lámina, una selección musical, un poema, etc. Tomemos una lámina sencilla de un gato. El cartel podría leerse de la manera siguiente:

*Miso.*
*Mira a Miso.*
*Miso es un gato.*
*Miso juega.*

Después del proceso total de lectura por el método global y del análisis de contenido, se procederá a analizar la estructura de la oración como unidad lingüística; luego se pasará a la proposición, la palabra, la sílaba y, finalmente, al fonema. También se atenderán los signos de puntuación que pueden aparecer en una oración: el punto final, los signos de interrogación y los de admiración, el uso de la letra mayúscula al empezar una oración, y la unión de las vocales en el diptongo y en el hiato. Ejemplos de oraciones propias para este primer encuentro del estudiante con una gramática en función de la lengua son los siguientes:

1. *Lola corre.*
2. *¡Qué bonito es el loro!*
3. *Pepe juega con el bate.*
4. *Tato toma leche.*
5. *¿Quieres jugar?*

Las proposiciones no tienen independencia sintáctica. Veamos el concepto de proposición tomando el contenido del cartel que se señaló anteriormente (las oraciones aparecen entre corchetes):

[*Mira a Miso.*]
[*Es un gato.*]
[*Miso juega.*]

Estas tres oraciones se pueden unir para formar una sola estructura mayor, o sea, una oración compuesta, a su vez, por tres proposiciones. Veámoslo:

[(*Mira a Miso*); (*es un gato*) y (*juega*)]

Las proposiciones son las estructuras que aparecen entre paréntesis. Esta oración está formada por tres proposiciones.

El maestro procederá a sacar las palabras de la selección; después las sílabas (*Mi-so, ga-to, mi-ra*, etc.) y terminará con el aspecto fonológico, o sea, con los fonemas (en *Miso* son: *M-i-s-o*, etc.). No debe olvidar el profesor los usos del acento, así como tampoco la sucesión alternada de sílabas tónicas y átonas en oraciones, proposiciones y párrafos, que constituye la entonación. Por tanto, advertirá al estudiante cuál es la sílaba tónica y cuál o cuáles los fonemas. Esta tarea ha de efectuarla con suma cautela en este Primer Nivel.

Con este enfoque se inicia al estudiante en el conocimiento de que con anterioridad a la palabra hay unidades de significado menores.

A continuación el educador podrá pasar a los ejercicios correspondientes en el *Cuaderno del estudiante*, dirigiéndolos siempre y dando suficiente práctica en la destreza que inicia. Debe dar instrucciones claras, precisas y poner un ejemplo en la pizarra para todo el grupo.

Posteriormente enriquecerá y refinará esa destreza durante todo el curso de acuerdo con las diferencias individuales de sus alumnos y las necesidades particulares de su grupo. Las actividades y destrezas de este Primer Nivel son fundamentales. De ahí la necesidad de ofrecer atención individual al educando y de que las actividades sean ricas, significativas y variadas.

Si después que el estudiante haya finalizado su *Cuaderno* el maestro considera que necesita más práctica aún, podrá preparar ejercicios similares.

Hacemos hincapié en el hecho de que si los estudiantes no dominan la mecánica del proceso de lectura, el maestro debe dirigir la realización de los ejercicios del *Cuaderno*, prestando la ayuda individual necesaria.

## II. SUJETO Y PREDICADO

Para la enseñanza del sujeto en el Nivel 1 se podrán utilizar las lecturas que aparecen en los libros básicos de lectura, en las unidades de lectura que prepare el maestro, en rimas, canciones, poemas, adivinanzas y en cualquier otro material que se juzgue apropiado para el grado. Se tomarán siempre en consideración las diferencias individuales del estudiante, así como las particulares del grupo. Veamos un ejemplo tomado del *Cuaderno del estudiante*:

*La mañana está linda.*
*La mañana está alegre.*
*La mañana está clara.*

Después de estudiar el vocabulario (siempre en un contexto), el maestro puede hacer las siguientes preguntas: "¿Qué nos dice la primera oración? ¿Y la segunda? ¿Y la tercera? ¿De qué nos hablan las tres oraciones?" (Se espera que el estudiante responda: "la mañana".) Entonces el maestro pedirá a los alumnos que subrayen *la mañana* en las tres oraciones. Luego procederá a explicar que la base de la oración es el sustantivo o nombre *mañana* y que, por tanto, es aquello de que se habla, o sea que se dice algo de ella (*la mañana*). Resumirá señalando que la función de esa proposición es la de sujeto en cada una de esas oraciones. (Si el maestro estima conveniente enseñar el nombre técnico —sujeto— puede hacerlo.) Asimismo podrá aclarar, de manera informal, que el sustantivo o nombre del núcleo o sintagma es la palabra principal del sujeto. Debe ofrecer suficiente práctica antes de llevar al estudiante al *Cuaderno* para efectuar los ejercicios correspondientes. Es imprescindible que el maestro tenga siempre en cuenta el tipo de alumnos que tiene para adaptarse a sus características.

Con la enseñanza del predicado, el maestro utilizará un procedimiento similar. Hará notar al estudiante que el predicado *dice algo* acerca del sujeto, en los ejemplos que se dieron, respecto a *la mañana*. También explicará que la palabra principal en el predicado es el verbo, o sea la palabra de acción, que es un predicado verbal porque se trata de un verbo.

El maestro debe ofrecer diferentes ejercicios para que el alumno identifique el sujeto y el predicado.

## Oraciones simples y compuestas

Insistimos una vez más en que el maestro deberá poner al estudiante en contacto con el concepto gramatical por medio de todos los materiales de lectura disponibles para el grado. El uso del *Cuaderno del estudiante* será posterior al concepto que se estudia. No obstante, podrá utilizarse para repaso, etcétera.

El maestro podrá tomar cualquier selección de los libros de texto o alguno preparado por él para introducir este aspecto en forma sencilla y funcional. Si considera pertinente dar el nombre técnico del concepto gramatical, podrá hacerlo. La decisión final del maestro dependerá fundamentalmente de las características del alumnado y de sus necesidades particulares, tanto grupales como individuales.

*Ejemplos* de oraciones simples:

1. *Nora canta.*
2. *Lolo corre.*
3. *La bola sube.*

El maestro procederá a leer las oraciones en forma grupal e individual. Explicará que constan sólo de un sujeto y un predicado. Si no ha dado los nombres técnicos; es decir, sujeto y predicado, podrá explicar que en estas oraciones una sola persona u objeto realiza la acción (*Nora, Lolo, bola*) y que en ellas hay una sola acción (*canta, corre, sube*).

Para introducir la oración compuesta deberá utilizar oraciones como las siguientes, basándose en los contextos disponibles de su alumnado: ·

1. *Tato y Pepe toman leche.*
2. *La gata jugó y durmió.*

3. *La bola y la mesa son rojas y bonitas.*
4. *La maestra canta y Lola baila.*

El maestro repetirá el procedimiento anterior, pero analizará cada oración para hacer notar la diferencia entre la oración simple y la compuesta, insistiendo para que el estudiante capte esa diferencia y haciendo hincapié en el hecho de que la oración compuesta consta de:

a) Dos sujetos y un predicado (ejemplo 1).
b) Un sujeto y dos predicados (ejemplo 2).
c) Dos oraciones simples (ejemplos 3 y 4).

# III. SIGNIFICACIÓN:
## DIFERENTES CLASES DE ORACIONES

En este Nivel 1 nos limitaremos a la oración enunciativa, la interrogativa, la imperativa y la exclamativa. (Cualquier oración puede convertirse en exclamativa; depende de la actitud del hablante.)

Insistimos en que el usar los términos técnicos dependerá de las diferencias individuales y grupales de los alumnos.

Es muy importante que la presentación de las diferentes clases de oración se realice gradualmente, y siempre dentro de un contexto literario, para que el estudiante pueda apreciar la función de las estructuras gramaticales. El enfoque será, en todo momento, generalizador. De igual manera el educador no debe introducir una nueva clase de oración hasta que el alumno no domine la anterior, y luego insistirá en el mantenimiento de lo ya aprendido. No hay un orden especial para enseñar cada clase de oración. Por otra parte, si el educador considera que no puede cubrir las diversas clases de oración según la actitud del hablante con todos los alumnos, llegará hasta donde estime prudente que el grupo puede asimilar. Esto dependerá, en gran medida, de la madurez de cada estudiante.

A continuación se ofrecen algunos ejemplos de las distintas clases de oración según la actitud del hablante:

**Enunciativas:**
1. *María goza.*
2. *El día está bonito.*

**Exclamativas:**
1. *¡Llueve!*
2. *¡Qué bonito!*

**Imperativas:**
1. *Corre, José.*
2. *Ven acá.*

**Interrogativas:**
1. *¿Cómo te llamas?*
2. *¿Vas a jugar?*

## IV. LAS PALABRAS SEGÚN SU FUNCIÓN: SUSTANTIVOS O NOMBRES

El maestro podrá utilizar láminas para que los estudiantes redacten sus propias oraciones. Nótese que, en esta parte —así como en las anteriores y posteriores—, se pone énfasis en aquellos aspectos gramaticales que se consideran más apropiados para este nivel. Pero si los estudiantes, tanto en esta parte como en las que siguen, no han alcanzado las destrezas básicas del proceso de lectura (sin olvidar las demás artes del lenguaje, que siempre habrán de tenerse presentes), el maestro podrá iniciar este aspecto cuando considere que sus alumnos han alcanzado la madurez requerida.

Una vez que el maestro haya introducido el concepto gramatical y sus alumnos lo hayan practicado en el *Cuaderno*, continuará manteniendo todas las destrezas ya iniciadas. Con algunas de ellas debe llegar a la etapa de enriquecimiento. Es necesario que siempre tenga presente que toda destreza se inicia, se desarrolla, se le da mantenimiento, se enriquece y se refina, hasta que el estudiante alcanza un dominio óptimo de la misma.

En el moderno estructuralismo lo que importa, esencialmente, es la función de la palabra en la oración. Desde que el niño se inicia formalmente en la etapa de apresto está en continuo contacto con los nombres propios y comunes.

El maestro puede empezar la enseñanza formal de este aspecto utilizando los objetos del aula (aspecto concreto). Ejemplos: *mesa, libros, sillas, maestra* y otros, haciendo notar que cada objeto tiene un nombre que lo distingue de los demás. Los niños pueden mencionar diferentes nombres comunes de objetos, animales y personas. Ejemplo: *bola, tiza* (objetos); *perro, gato* (animales); *papá, mamá* (personas).

Entonces el maestro los llevará a generalizar que toda cosa, animal o persona tiene un nombre particular que lo designa y explicará que este nombre se escribe con la letra inicial minúscula. Partiendo de ahí introducirá el nombre propio, explicando que para poder distinguir unos animales de otros, unas cosas de otras, unas personas de otras, se les asigna un nombre propio especial. Valiéndose de los mismos educandos puede presentar la diferencia entre el sustantivo o nombre propio y nombre común; ejemplo: cada niño y cada niña de los que hay en el aula tiene un nombre propio que lo distingue de los demás. Así puede proceder para referirse a los nombres del maestro, los padres, abuelos, amigos... Lo mismo se hace en relación con las cosas y los animales. Los estudiantes pueden dar ejemplos, oralmente, de diferentes nombres propios. Cuando el profesor escriba esos nombres en la pizarra, llame la atención sobre el hecho de que todo nombre propio se escribe con letra mayúscula inicial.

Una vez que el maestro haya llevado al niño al estudio o análisis de la forma concreta puede pasar a la forma semiconcreta (ejemplo: con láminas) y, finalmente, a la forma abstracta (ejemplo: sirviéndose del *Cuaderno*).

Todas las destrezas que se recogen en esta *Guía* es fundamental desarrollarlas sistemáticamente, tomando siempre en cuenta los aspectos de secuencia y de profundidad inherentes al currículo. Naturalmente, en este Nivel 1 se procederá de las formas más sencillas.

Al enseñar el nombre común y el propio, no deben olvidarse las formas diminutivas y aumentativas de los sustantivos, como tampoco los nombres derivados y los compuestos (familias de palabras), el género del sustantivo y los sinónimos y antónimos. En cuanto a los nombres en singular y plural, deben ser tema importante en todo momento. (De no surgir la ocasión, será necesario propiciarla.)

# V. LAS PALABRAS SEGÚN SU FUNCIÓN: EL ADJETIVO

En este Nivel nos referiremos al adjetivo como la *palabra descriptiva*, ya que su función depende del uso que el vocablo tenga en la oración.

El maestro puede utilizar alguna prosa, un poema o versos como los siguientes:

*¡Qué ojos bonitos y qué boca risueña!*
*Unas mejillas rosadas tiene mi hermosa niña.*

El profesor pregunta: "¿Cómo son los ojos? ¿Y la boca? ¿Y las mejillas? ¿Cómo es la niña?"

Según los niños van contestando, se subrayan las palabras. Pregunta después: "¿Qué hacen esas palabras subrayadas? ¿Cuál es su función?"

El maestro puede presentar láminas u objetos y dirigir la observación de los niños por medio de instrucciones y preguntas claras y sencillas. Por *ejemplo*, el maestro presenta una rosa.

1. *¿Cómo es la rosa?*
2. *¿Qué otras palabras dicen cómo es la rosa?*

Así, sucesivamente, se sigue ofreciendo práctica oral y escrita en la pizarra, bajo la dirección del maestro, hasta que el estudiante trabaje solo en su Cuaderno. Si es necesario, el profesor preparará otros ejercicios similares o los tomará de las lecturas propias para el Nivel y las usará con los niños que aún no dominen las destrezas.

# VI.  LAS PALABRAS SEGÚN SU FUNCIÓN: EL VERBO

El maestro puede iniciar el estudio sistemático del verbo en forma de un juego. (Se deja a su discreción el uso de la palabra técnica —verbo— con los alumnos). Puede invitar a los niños a jugar y les explica que el juego consiste en buscar palabras que nombren actividades que ellos realizan: *correr, reír, saltar, cantar, contar, jugar, comer, leer, ver, oír, escribir* y otras. Puede pedir a los alumnos que ejecuten algunas de esas acciones (presente). Entonces debe utilizar las unidades de lectura o trozos de las selecciones que ellos conocen (rimas, canciones, adivinanzas, poemas...) para señalar las palabras que expresan acción (presente). Posteriormente, los niños podrán redactar oraciones y subrayar las palabras de acción. Para enseñar el *pasado* y el *futuro*, el maestro podrá trabajar en forma similar o de acuerdo con las posibilidades de su alumnado.

Esta parte, así como las anteriores, se presta para darles mantenimiento al sujeto, al predicado y a los demás aspectos gramaticales vistos anteriormente.

Notará el maestro que en este Primer Nivel nos hemos referido únicamente al infinitivo, presente, pasado y futuro. Estimamos que de momento no es posible cubrir aspectos más difíciles, ya que nos hallamos en un inicio (casi un aprestamiento) para esta materia lingüística.

# VII. SINGULAR Y PLURAL. GÉNERO

Como al enseñar el sustantivo el maestro ya trabajó con el **número** (singular y plural), la enseñanza de este aspecto gramatical se le hará más fácil. Además, la serie que se utiliza en lectura provee para trabajar este aspecto. Prestaremos atención a la formación del plural cuando se añade *s* o *es*.

El maestro puede valerse de los objetos que tenga en el aula o de otros que él provea. Recordará que siempre debe partir de la oración y no de las palabras aisladas. No obstante, al dar la práctica puede utilizar diversas formas; por ejemplo, plural de oraciones, de proposiciones y de palabras.

No procederá con nuevos aspectos gramaticales hasta que no haya diagnosticado grupal e individualmente y esté seguro de las particulares necesidades de cada alumno. Debe tener presente que el diagnóstico y la evaluación son procesos pedagógicos continuos. De ambos procesos dependerá la planificación diaria.

## Género

Puede iniciarse esta sección con un repaso de los sustantivos: selecciones, cuentos, rimas, poesías, etc., que los niños conozcan. También puede el maestro crear otras lecturas, como la que sigue:

*El **gatito** y la **gatita** van a pasear.*
*La **perra** y el **perro** desde su casa los ven pasar.*
*El **gatito** y la **gatita** contentos van,*
*con el **conejo** y la **coneja** han de jugar.*
*¡Gozan que gozan!*

De esta selección o de una similar parte el maestro para señalar la diferencia entre el género femenino y el masculino. La serie de lectura provee mucho material para trabajar este aspecto. El profesor debe guiar a los estudiantes para que noten la diferencia entre ambos géneros. El uso de los vocablos masculino y femenino queda a su discreción. Si cree que no debe usarlos, puede sustituirlos por hembra y macho. Asimismo, hará observar que los monosílabos *el* y *un* acompañan al género masculino y *la* y *una* al femenino (con sus plurales).

# VIII. FONOLOGÍA

Se espera que en esta etapa ya el estudiante haya pasado por los diferentes niveles fonéticos (sílabas directas: *ma, to, se*, etc.; sílabas inversas: *an, en, es*, etc.; sílabas trabadas: *bus, can, sal*, etc.; diptongos: *ai, ei*, etc., y grupos consonánticos: *pr, gl, cl, gr*, etc.).

El maestro puede recurrir a los libros de lectura y a otros materiales del grado para trabajar el aspecto de *fonología*.

Los aspectos fonológicos que se han incluido en este Nivel 1 son los siguientes: sílabas directas, usos de las diferentes consonantes, grupos consonánticos, uso de la *r* y la *rr*; uso de *je* y de *ge*; uso de la diéresis: *güe, güi*.

Una vez que los alumnos hagan los ejercicios del *Cuaderno* y el maestro lleve a cabo el diagnóstico correspondiente, se procederá a trabajar de acuerdo con las necesidades individuales del alumno y las particulares del grupo estudiantil.

# IX. ORTOGRAFÍA

A pesar de que muchos críticos no consideran este aspecto como parte de la gramática, la hemos incluido por estimar que al alumnado de este nivel le es imprescindible unas nociones ortográficas. Aquí nos hemos limitado a la división silábica, a la sílaba más fuerte (acentuada ortográficamente o prosódicamente) y a la letra mayúscula.

El maestro hará uso de las experiencias de los estudiantes y de todos los materiales accesibles para introducir, desarrollar y dar mantenimiento en este aspecto.

# OBSERVACIONES FINALES

Deseamos puntualizar que el material que aquí se presenta se preparó con una visión generalizadora, para dejar puertas abiertas al maestro con el fin de que pueda aplicar su capacidad creadora. Nosotros nos hemos limitado a sugerir. Por tanto, el maestro podrá hacer las adaptaciones y cambios que crea convenientes, pero recordando siempre que cada estudiante es único y que debe tomar en consideración su madurez al utilizar el material. La planificación ha de responder al diagnóstico y a la evaluación continuos. Ello indicará cuándo puede pasar cada alumno al nivel siguiente (Nivel 2).

Tanto en este Nivel como en los próximos el maestro deberá tener presente un objetivo importante para todo el que enseñe la lengua vernácula: el enriquecimiento y perfeccionamiento del léxico. Por tanto, habrá de estar alerta a ello continuamente en el proceso de aprendizaje, así como a todas las artes del lenguaje; a saber: hablar, escuchar, leer y escribir, ya que atenderá a todas con cautela. Por otra parte, debe recordar que el desarrollo de valores y actitudes, así como del aspecto creador del alumno, es esencial en su labor docente.

*Guía del maestro*

Correspondiente al *Cuaderno del estudiante*
para la Serie de Gramática Estructural
ESPAÑOL PASO A PASO

**Nivel 2**

# INTRODUCCIÓN

La Serie *Paso a paso* se preparó con el fin de facilitar al estudiante y al maestro el acercamiento a la gramática estructural. El enfoque tradicional hoy no tiene vigencia, ya que no responde al método científico que abarca otras áreas importantes del conocimiento humano y que la lingüística incorporó tardíamente.

Este Nivel 2 es tan fundamental para el niño como el primero. Representa el inicio formal de su educación académica y, por ende, el comienzo en la adquisición de unas destrezas y aptitudes que orientarán su desarrollo lingüístico.

El maestro ha de estar alerta para que este encuentro del niño con el moderno estructuralismo gramatical sea agradable y sencillo. El uso de la nueva nomenclatura o conjunto de vocablos técnicos no representará un problema para el niño en este Nivel, porque ya se inició en su conocimiento.

Para el maestro, que con toda probabilidad pasará por un período de transición de la gramática tradicional a la estructural, tampoco ha de ser un grave problema, porque no se trata de un cambio radical. En la nueva nomenclatura gramatical se conserva, básicamente, la terminología generalmente conocida.

El enfoque gramatical tradicional se aparta de la sistematización que requiere todo acercamiento científico a la lengua. No puede sistematizarse si no existe una unificación, por lo que es necesario lograr un acercamiento al material lingüístico por medio de una ordenación juiciosa de dicho contenido. La gramática estructural estudia las formas lingüísticas que resultan de las relaciones de los elementos lingüísticos. Éstos se estudian como partes integrantes de un todo. Es esa totalidad de elementos interrelacionables lo que denominamos **estructura.** La gramática es, pues, el análisis de esas estructuras. Lo importante en este enfoque moderno es la lengua en función y la gramática al servicio de ella. La gramática y la lengua se complementan mutuamente.

En el proceso de enseñanza, el maestro debe hacer las adaptaciones que estime convenientes y llevar los conceptos de la manera que considere más apropiada; pero siempre hará un inicio correcto de los conceptos gramaticales. Su centro de interés serán en todo momento las diferencias individuales y las características especiales de su grupo, así como el desarrollo óptimo de unas destrezas lingüísticas.

En este Nivel se usarán selecciones de los libros de texto, las adivinanzas, las canciones, etc. El maestro podrá preparar otros materiales de lectura de acuerdo con el nivel de su alumnado y las necesidades específicas de cada discípulo.

Después de introducido el concepto, el alumno —dirigido constantemente por el maestro—pasará a trabajar en el *Cuaderno del estudiante*. Si el niño necesita más práctica aún, el profesor preparará otros ejercicios similares a los del *Cuaderno*. Si el niño no domina la mecánica de la lectura, será guiado de manera independiente por el maestro, quien tendrá presentes en todo momento las diferencias individuales y proveerá materiales docentes que ayuden a cada niño de acuerdo con su propio estilo y su capacidad de aprendizaje.

La enseñanza se ofrecerá siempre en un contenido literario, nunca de forma aislada. Se determinará qué contenido y cuándo empezarlo por medio del diagnóstico. Éste deberá realizarse constantemente para efectuar una planificación eficaz que responda a las necesidades particulares de cada alumno.

El momento para presentar el *Cuaderno* a los estudiantes dependerá en gran medida del grado de madurez de éstos.

Deseamos insistir en que esta *Guía* no pretende constreñir o limitar al maestro, sino sugerirle algunas alternativas. Son el maestro y sus alumnos los que establecen realmente las reglas del «juego» en el proceso de enseñanza-aprendizaje.

# I. ORACIÓN, PROPOSICIÓN, PALABRA

En el Nivel 1 ya se inició al estudiante en estos aspectos, que sistemáticamente aumentarán en complejidad en este Nivel 2 y en los siguientes. La utilización de los nombres técnicos dependerá del grado de madurez del estudiante. Al efecto, el maestro tomará siempre en consideración las diferencias individuales.

El diagnóstico que efectúe el maestro al inicio del curso determinará dónde iniciar estos aspectos en el Nivel 2, e indicará si conviene empezar en el Nivel 1. Se recomienda partir de las experiencias previas de los niños, de los materiales y libros de texto del grado, o apropiados al mismo, y de todo aquello que el profesor estime oportuno para estimular el interés de los niños por el desarrollo de este primer aspecto gramatical. El maestro debe conocer bien a cada alumno: saber qué destrezas domina, cuáles son sus conocimientos, habilidades, etc., con el fin de afianzarlos o enriquecerlos. Esto facilitará la labor docente.

Se puede iniciar el estudio de la oración, la proposición y la palabra con el análisis de cualquier lámina o comentarios sobre alguna actividad realizada, para estimular la expresión oral de los alumnos, y de ahí pasar a la redacción de las oraciones. El maestro puede estimular la conversación por medio de preguntas, mas recordando que la formulación de éstas debe hacerse en forma gradual, de lo más sencillo a lo más complejo, con el fin de que el procedimiento sea útil para todo tipo de estudiante. Conviene además insistir en el uso del vocabulario apropiado y en su enriquecimiento.

A continuación ofrecemos un ejemplo de lo expuesto anteriormente. Mostrando una lámina de una playa, el maestro pregunta: «¿Qué ves en la lámina? ¿De qué color es el agua del mar? ¿Qué te sugiere el sonido del mar? ¿Y el del caracol? ¿Qué misterios encerrará el mar?»

Según contesten los niños, el maestro, o ellos mismos, pueden ir escribiendo las oraciones en la pizarra. Después las leerán y el educador los llevará al análisis de qué es una oración, sin olvidar que puede constar de una sola palabra y es necesario recalcar que se inicia con mayúscula y por lo general termina con un punto (aunque a veces se usan otros signos, como los exclamativos o los interrogativos). Esas mismas oraciones se pueden utilizar para el análisis de la proposición y, posteriormente, de la palabra.

Conviene recordar que esta labor *no es de un solo día.* Dependerá de las diferencias individuales y el grado de madurez de los estudiantes. Luego éstos pasan a trabajar individualmente (los que puedan) en los ejercicios del *Cuaderno.* El maestro ofrecerá ayuda a los que la precisen. Después diagnostica y hace los cambios pertinentes en la enseñanza. Si es necesario puede preparar otros ejercicios similares a los del *Cuaderno.*

*Ejemplos:*

— Escribir oraciones originales utilizando el vocabulario del grado o láminas sencillas.
— Escribir párrafos cortos sobre un tema que el maestro dé o uno libre.
— Dar un párrafo sencillo para que los estudiantes separen las oraciones por medio de corchetes: [ ].

# II. ESTRUCTURA DE LA ORACIÓN: SUJETO Y PREDICADO

En el Nivel 1, el estudiante inició ya el aprendizaje de este aspecto gramatical. Un diagnóstico previo servirá ahora para determinar cuál es su grado de conocimiento al respecto.

Recomendamos partir de las experiencias de los niños y del material de lectura correspondiente al grado. Recuerde siempre que debe tomar en consideración las diferencias individuales. Puede iniciar una conversación con los alumnos sobre alguna de las lecturas realizadas, una lámina o cualquier objeto del aula, y pedirles que redacten oraciones. Una vez escritas éstas en la pizarra, explique cualquier palabra que pueda resultarles confusa y solicite que le digan de qué se habla en cada oración. Al dar la contestación, los niños deben subrayar la palabra o palabras correspondientes, preferiblemente con tizas de colores para resaltarlas. Proceda entonces a explicar el concepto del sujeto (aquello de lo que se habla o se dice algo en la oración). Señale que la función de esa proposición es la de sujeto en cada una de las oraciones. (Corresponde a su criterio determinar si puede decir o no el nombre técnico.) Después de haber practicado en el reconocimiento del sujeto, los alumnos podrán pasar a hacer los ejercicios correspondientes en el *Cuaderno del estudiante*, siempre bajo su dirección. Tenga en cuenta que habrá de prestar ayuda a los que la requieran.

Una vez que el estudiante haya captado bien la función del sujeto simple y situado al principio de la oración, podrá pasar a presentarles oraciones donde el sujeto aparezca en otros lugares y con sujeto compuesto. Éste consta de dos sujetos (dos nombres).

*Ejemplo:*

**Nilda** y **Rosita** *juegan con sus muñecas.*

Al enseñar el predicado, utilice un procedimiento similar, haciendo notar a los componentes de su clase que el predicado dice algo acerca del sujeto. Explique también el predicado compuesto, que consta de dos predicados (dos verbos).

Por *ejemplo*:

*La rosa se marchitó y se dobló.*

Una vez que se ha ofrecido suficiente práctica en estos aspectos sobre la estructura de la oración, vuelva a evaluar para saber quiénes tienen bien claro el concepto. Así podrá determinar los pasos que debe dar a continuación en el proceso de enseñanza.

Debemos recalcar que el maestro ha de poner al alumno en contacto con este concepto gramatical, y los ya aprendidos, por medio de los materiales de lectura disponibles para el grado.

## Sujeto compuesto

Si el estudiante captó bien el concepto de sujeto y predicado simples y compuestos, estará en disposición de identificar las oraciones simples y las compuestas.

*Ejemplos* de oración simple:

*La gente está en las calles.*
*Mi gato es muy bonito.*
*La niña miró las flores.*

*Ejemplos* de oración compuesta:

*Rita y Jorge van a la escuela.*
*Los niños juegan y gozan.*
*Las sillas y las mesas son grandes y pequeñas.*
*Rosaura lee y su hermana escribe.*

Se analizará cada oración para hacer notar la diferencia entre la oración simple y la oración compuesta. Insista para que el estudiante la capte, recordando que la oración compuesta puede constar de dos sujetos y un predicado, de un sujeto y un predicado, de un sujeto y dos predicados o de dos oraciones simples. (Observe los ejemplos dados anteriormente.)

# III. CLASES DE ORACIONES POR SU SIGNIFICADO

El estudiante ya estuvo en contacto con las oraciones enunciativas, interrogativas, imperativas y exclamativas en el Nivel 1. (Recuerde que cualquier oración puede convertirse en exclamativa; depende de la actitud del hablante.) En este Nivel 2 se introducirán la oración *dubitativa* y la *desiderativa*.

Insistimos en que utilizar los términos técnicos dependerá de las diferencias individuales de los alumnos y de cada grupo.

Es importante señalar que la presentación de las diversas clases de oración se realice de forma gradual y siempre dentro de un contexto literario; así el estudiante podrá apreciar las estructuras gramaticales.

El maestro no debe presentar una nueva clase de oración hasta que el estudiante no domine la anterior. Insista además en la práctica y mantenimiento de las ya aprendidas. No existe un orden especial para enseñar cada clase de oración; ahora bien, debe partirse de las oraciones más sencillas e ir avanzando hacia las más complejas. Por otra parte, si considera que sus estudiantes no están preparados para aprender todas las clases de oraciones según la actitud del hablante, llegue únicamente hasta donde estime que el grupo puede asimilar. Es probable que pueda enseñar todas las clases de oración a un grupo de estudiantes en particular. Todo dependerá del grado de madurez de cada alumno. (Recuerde que tiene que destacar bien los signos de interrogación en las oraciones interrogativas y los de admiración en las oraciones exclamativas, así como en algunas desiderativas.)

Ofrecemos algunos ejemplos de las distintas clases de oración:

## Interrogativas

*¿Qué sucedió ayer?*
*¿Vas a ver el programa?*

## Exclamativas

*¡Qué útil es la bombilla!*
*¡Llueve!*

## Desiderativas

*Quisiera tener una gatita.*
*Desearía ser una bailarina.*

## Imperativas

*Por favor, ven acá.*
*Cierra ese libro.*

## Dubitativas

*¡Quizá vaya al parque!*
*Puede que vaya al cine.*

## Enunciativas

*Mamá compró una silla roja.*
*Ella se parece a su abuela.*

Puede servirse de las experiencias de los niños, de poesías y láminas para que ellos redacten sus propias oraciones. Si sus alumnos, tanto en esta parte como en las otras, no han alcanzado las destrezas básicas del proceso de lectura (y sin olvidar las otras artes del lenguaje), atienda únicamente los aspectos que, en su opinión, pueden asimilar. Una vez que alcancen la madurez requerida, podrá seguir con otros más complejos.

Debe ofrecer la práctica necesaria en este concepto gramatical y luego continuará dando mantenimiento en ésta y en todas las demás destrezas gramaticales ya iniciadas. Es imprescindible tener presente que toda destreza se inicia, se desarrolla, se mantiene, se enriquece y refina, hasta que el estudiante alcanza un dominio óptimo de ella.

# IV. LAS PALABRAS SEGÚN SU FUNCIÓN: EL SUSTANTIVO

En el Nivel 1 el niño se inició formalmente en este aspecto gramatical. Como repaso, puede usted presentar y señalar algunos objetos del aula (aspecto concreto). Pregunte a sus alumnos: «¿Qué es esto?» y escriba en la pizarra los nombres que digan ellos. Se repasan los conocimientos adquiridos en relación con el sustantivo en el Nivel anterior. Luego se presentan diferentes láminas (semiconcreto); incluya láminas de personas, animales y cosas para que los niños observen, nombren y describan lo representado en las láminas. Se escriben estos nombres en la pizarra y se procede a su lectura. Debe guiar a los estudiantes para que lleguen a la conclusión de que los nombres (sustantivos) son palabras que sirven para nombrar a las personas, a los animales y a las cosas. Los mismos se caracterizan porque de ellos siempre podemos decir algo. Se pide a los estudiantes que digan algo sobre un compañero, un animal preferido y algún objeto del aula. Usted o los niños pueden escribir en la pizarra varios ejemplos de sustantivo:

*maestra - gato - china*

Pregunte a continuación: «¿Por qué sabemos que son sustantivos?» (Utilice el término técnico si lo estima conveniente.) Debe presentar láminas en las cuales se vean personas, animales y objetos. Así llevará a los alumnos al conocimiento de que los sustantivos comunes designan a una persona, animal o cosa, que indican las características de los objetos. Y recuérdeles que los sustantivos comunes se escriben con letra minúscula. Al enseñar los nombres comunes se aprovecha para señalar los sustantivos que son diminutivos, aumentativos, nombres compuestos, familias de palabras, sufijos, prefijos y otros. Asimismo se insistirá en el género del sustantivo. Después de ofrecer la práctica necesaria, podrá introducir el nombre propio. (Recuerde que este proceso no se realiza en uno o dos días; todo depende de la capacidad de sus alumnos.)

La presentación del concepto puede hacerla valiéndose de los mismos alumnos. Diga por ejemplo: «Niña, cierra la puerta.» Es posible que nadie ejecute la acción. Explique entonces que, como hay tantas niñas en el aula, el grupo no entendió a quién se refería. Por eso cada niño y cada niña tiene un nombre propio que lo distingue de los demás. Ahora puede pedir a cada alumno que indique su nombre y sus apellidos. Así establecerá la diferencia entre el sustantivo común y el propio.

Refiérase luego al nombre de los padres, maestros, amigos (nombres de personas). Lo mismo se hace con relación a los animales y a cosas cuyo nombre específico los distingue de su grupo.

Se procederá a escribir nombres propios en la pizarra. Llame la atención sobre el hecho de que se escriben con letra inicial mayúscula. También puede presentar adivinanzas cuya contestación sea un nombre propio o uno común. Asimismo, puede ofrecer otros materiales que sirvan de práctica para que los estudiantes distingan ambas clases de nombre. Pasará, entonces, al *Cuaderno*. Recuerde que debe ofrecer instrucciones claras y precisas de lo que se ha de hacer. (Es recomendable que los estudiantes cotejen los ejercicios junto con el maestro, que los dirige, los guía.) Continúe ofreciendo mantenimiento a los conceptos ya aprendidos.

## V. PRONOMBRE

En este Nivel 2 se hablará por primera vez del **pronombre**. Se tratará muy sencillamente y sólo con aquellos alumnos capaces de entenderlo. En la gramática moderna, el pronombre es un determinante que se usa en lugar del sustantivo. *Yo* y *tú* no son pronombres, de acuerdo con las nuevas tendencias de la gramática estructural, ya que no sustituyen a ningún sustantivo: son nombres. Puede presentar unas rimas o versos como los siguientes para orientar este concepto:

> *Pedrito es un niño*
> *muy bueno y juguetón,*
> *por eso él juega*
> *en su carretón.*
> *La niña Carlota*
> *¡qué susto pasó!*
> *ella no vio el hoyo*
> *y en él se cayó.*

Luego, junto con los niños, redacte oraciones donde se utilicen sustantivos propios y comunes. Se subrayan los nombres y a continuación se sustituyen por los pronombres correspondientes. Limítese a los sustantivos que se puedan sustituir por *él, ella, nosotros, ustedes*. En ningún momento debe utilizar *yo, tú, usted*, porque son nombres.

Si lo estima conveniente puede introducir también los pronombres *ti, tuyo, tuya, mío, mía, mis* y los demostrativos *este, ese, aquel, esto, eso* y *aquello*. (Nótese que los pronombres demostrativos ya no es necesario acentuarlos si no causan anfibología —duda—, y *esto, eso, aquello*, nunca se han acentuado por ser neutros —en la gramática tradicional— ).

Ofrezca la práctica correspondiente antes de pasar al *Cuaderno*. Luego diagnostique, evalúe, planifique. Asimismo, dé mantenimiento a las destrezas aprendidas.

# VI. EL ARTÍCULO

En la nueva gramática se estudia el artículo como un determinante. El artículo anuncia el género y el número. Se introducirán en este Nivel los siguientes: *el, los, la, las*.

Para presentar el artículo a sus alumnos propóngales un juego de adivinanzas.

Por *ejemplo*:

*Es cuadrada (o redonda)*
*Tiene cuatro patas*
*¿Qué es?*

Presumiblemente, los niños dirán «*la* mesa». Así, sucesivamente, se mencionan diferentes objetos con los cuales se utilicen *el, la, los, las*. Escriba en la pizarra oraciones en las cuales aparezcan, haga que sean leídas y subrayados los artículos.

Debe explicar que el artículo va delante de un nombre que designa un objeto ya conocido, que tiene el mismo género y el mismo número que el sustantivo al cual precede. (Como de costumbre, el uso del nombre técnico queda a discreción del maestro.)

## VII. ADJETIVOS

La función del adjetivo depende del uso que el vocablo tenga en la oración.

Para explicarlo puede utilizar alguna prosa, un poema, versos u oraciones sobre las diferentes lecturas que los niños hayan realizado.

*Ejemplos:*

*La niña tímida*
*y de rosadas mejillas*
*me mira con sus ojitos dulces*
*y me envía una sonrisa sencilla.*

Pregunte a continuación: «¿Qué niña?» Escriba en la pizarra la palabra *tímida*. Así, sucesivamente, pregunte sobre la palabra que dice cómo son las mejillas, los ojitos y la sonrisa. Una vez escritas en la pizarra las palabras correspondientes: *tímida, rosadas, dulces, sencilla,* pregunte cuál es su función. Explique que esas palabras que dicen cómo son las personas, los animales y las cosas expresan cualidades.

A continuación puede invitar a sus alumnos a jugar. Diga un sustantivo y que ellos digan una palabra que exprese cómo es lo mencionado.

*Por ejemplo:*

*EL MAESTRO.— Un juguete...*
*UN ALUMNO.— ...divertido.*

Así, sucesivamente, se sigue ofreciendo práctica oral y escrita en la pizarra. Además, se ofrecerán diferentes oportunidades para que los alumnos practiquen el reconocimiento y el uso de los adjetivos. Luego trabajarán en el *Cuaderno*. Si fuera necesario, prepáreles ejercicios similares a los que en él aparecen.

41

## VIII.  EL VERBO O PALABRAS QUE EXPRESAN ACCIÓN

Puede iniciarse el estudio sistemático del verbo realizando una serie de actividades, como por ejemplo pedir a los niños que corran, salten, lean, etc., y pregunte: «¿Qué hace Juan? ¿Qué hace Carmen?» A medida que ellos contesten, escriba lo que digan en la pizarra. (En todo momento se parte del contexto y siempre de manera práctica y funcional.)

Posteriormente los estudiantes leen las oraciones escritas en la pizarra y subrayan las palabras de acción en cada caso. Seguidamente pueden proponer otras palabras de acción y construir oraciones con ellas.

También puede el maestro cantar con los alumnos la canción siguiente y señalar los verbos:

BANDADA DE PALOMAS

Cual bandada de palomas
que regresan al vergel
hoy volvemos a la escuela
anhelantes del saber.

Ellas vienen tras el grano
que las ha de sustentar
y nosotros tras la idea
que es el grano intelectual.

Igualmente puede leer un poema o un fragmento en prosa para que los niños señalen los verbos.

El pasado y el futuro es posible enseñarlos de modo similar o bien a tono con las necesidades de los alumnos. Es importante que en las actividades que se realicen participe el mayor número de ellos. Utilice láminas, lecturas y todo el material que estime conveniente para este Nivel, y ofrezca siempre prácticas antes que los niños pasen al *Cuaderno*.

Recuerde que las sugerencias metodológicas que se le proponen no son únicas: puede crear las suyas propias. Aquí simplemente se le hacen sugerencias para que sepa de dónde partir para introducir el concepto.

En esta parte del verbo, así como en las anteriores, debe darse mantenimiento a los demás aspectos gramaticales, pero siempre la gramática estará en función de la lengua.

En el Nivel 2 se trabajará sobre los tiempos verbales que se iniciaron en el Nivel 1. Sin embargo, se estudiará ahora el infinitivo del verbo con un poco más de formalidad que en la anterior etapa. Puede enseñar los tres grupos en que se clasifican los verbos españoles según la conjugación a que pertenezcan. El primero es con mucha diferencia el más numeroso; es también el más estable y productivo:

a) primera conjugación regular, que termina en *ar;*
b) segunda, que termina en *er,* y
c) tercera, terminada en *ir.*

# IX. OTROS RASGOS GRAMATICALES:
# NÚMERO Y GÉNERO

## Singular y plural

En este Nivel 2 se sigue con los conceptos que ya se ofrecieron en el anterior. No obstante, se añadirán los **colectivos,** o sea, la palabra que presenta al espíritu una idea de conjunto, como *multitud, montón, ejército, rebaño...*

Insistimos en que las actividades iniciales deben hacerse oralmente para lograr que el alumno siga mejorando en ese modo de expresión. El maestro puede utilizar láminas, objetos, lecturas, adivinanzas, etc., pero siempre partirá de la oración y no de las palabras aisladas. Tomemos un ejemplo que puede copiarse en la pizarra o en un cartel:

*Pepe fue al mercado ayer,*
*compró chinas y toronjas,*
*guineos dulces y ricos*
*para su buen amiguito.*

El maestro pregunta: «¿Qué compró Pepe?» Se procede a subrayar las palabras que respondan los alumnos y se les indica que las lean. Continúan las preguntas: «¿Cuántas chinas compraría? ¿Por qué sabes tú que fueron muchas? ¿Compró una toronja? ¿Por qué crees que compró más de una? ¿Para quién son los guineos? ¿Cómo sabes que es un solo amiguito?»

Después procede a explicar la diferencia entre singular y plural y ofrece más prácticas. Deténgase en vocablos que terminen en el fonema z y cambian al fonema c en plural y se les añade *es.*

*Ejemplo:*

*cruz-cruces; vez-veces; nuez-nueces*

Para enseñar los colectivos, puede utilizar una metodología similar. Continuará, además, ofreciendo mantenimiento al material cubierto, por ejemplo con ejercicios similares a los del *Cuaderno*.

Insistimos en que el proceso de diagnóstico y de evaluación debe ser continuo. De ello partirá para su planificación efectiva.

## Género

La clase se iniciará con algún ejercicio de repaso, utilizando láminas, filminas, canciones... El concepto del género ya se inició en el Nivel anterior. Ahora puede recurrirse a materiales como el cuento siguiente:

### EN LA FINCA DE PAPÁ

Papá tiene una finca grande con muchos animales. En el corral hay un *cerdo* y una *cerda*. También hay algunos *cerditos* gorditos. Hay, además, un estanque con *gansos, gansas, patos y patas*. ¡Qué bonitos se ven todos nadando! A lo lejos, en el establo, hay un bonito *caballo* pinto. ¡Cómo me gusta correr en él! La *yegua* es blanca y muy mansa. Tienen allí un lindo *potrito*. ¡Me alegro tanto en la finca de papá!

Con este cuento es posible repasar el concepto del **género**. El cuento, además, puede aprovecharlo para repasar conceptos gramaticales ya estudiados, tales como sustantivo, adjetivo, artículo, clases de oración, concepto oracional, sujeto y predicado, diminutivo, etcétera.

La lectura se efectuará siempre por el método global. Si alguna palabra resulta nueva, debe introducirse en un contexto antes de la lectura. Estimamos que ya en este Nivel 2 el maestro puede usar los términos técnicos (masculino y femenino). Asimismo, puede clarificar que *el* y *un* acompañan al género masculino y *la* y *una* al femenino (con sus plurales).

Vamos a añadir en este Nivel el género *epiceno*, o sea, el que se refiere a aquellos nombres animados que gramaticalmente no son masculinos o femeninos; pero al identificar el sexo del animal al que se refiere se añaden los vocablos *macho* o *hembra*.

*Ejemplos:*

*la araña hembra y la araña macho*
*el pez macho y el pez hembra*
*la hormiga macho y la hormiga hembra*
*la ballena macho y la ballena hembra*
*el ruiseñor macho y el ruiseñor hembra*

Como se puede observar a través de toda la *Guía,* hemos insistido en que se ofrezcan muchos y variados ejercicios de práctica para que el alumno vaya desarrollando un buen dominio de la lengua. También esperamos que sea siempre el alumno el que logre llegar a generalizaciones tras una hábil enseñanza ofrecida por el maestro. Si es necesario el maestro le dará hábilmente la información. Se insiste en la práctica continua, repaso de las destrezas y de los conceptos estudiados, la atención a las cuatro artes del lenguaje, el enriquecimiento del vocabulario y el desarrollo de valores.

# X. FONOLOGÍA

Los aspectos fonológicos que se exponen en este Nivel son los siguientes: división silábica, orden alfabético hasta la segunda letra, diptongo, uso de la *g suave* y la *g fuerte (g* suave: *girasol, gente, gigante, gemelo - g* fuerte: *gozar, guapa, goma, ganar).* Se estudiará la *c suave,* como en *cielo, celeste, cinta, cine;* y la *c fuerte,* como en *camión, caracol, corola, caña.* Además, se tratará del uso de la *y* y de la *ll, r* y *rr, z* y *s,* y grupos consonánticos como los siguientes: *gr, gl, cl, cr, tr, fl* y otros.

El profesor explicará a sus alumnos que la sílaba suele ser el golpe de voz que se emite de una sola vez.

Puede invitar a los niños a jugar. Dice una palabra y ellos dan palmadas de acuerdo al número de sílabas que tenga.

*Ejemplo:*

*piso*
*pi-so*

Los niños dan dos palmadas y así sucesivamente.

Además, explicará los nombres que se dan a las diferentes clases de palabras, según el número de sílabas que las compongan:

*monosílaba* - una sola sílaba
*bisílaba* - dos sílabas
*trisílaba* - tres sílabas
*polisílaba* - cuatro sílabas o más.

Debe explicar también el concepto de última, penúltima y antepenúltima sílaba, y ofrecerá práctica oral y escrita antes que los estudiantes pasen al *Cuaderno.*

## Ortografía

La ortografía es parte de la normativa. En la nueva gramática, muchos lingüistas no la incluyen como parte de ella.

No obstante, la hemos incluido por considerarla esencial para el desarrollo de unas destrezas de escritura fundamentales. Aquí aparecen la sílaba tónica acentuada ortográficamente o prosódicamente; uso de la coma en series y en caso vocativo, así como el uso de la diéresis.

*Ejemplos:*

a) Coma en series:

*El niño compró lápices, libretas y dulces.*

b) Caso vocativo:

*Juan, acércate.*
*Corre, Luis.*
*Ven, Pepe, ven.*

Para la enseñanza de estos aspectos cabe utilizar los trabajos de los niños, así como todo el material accesible para introducir y dar mantenimiento. Igualmente puede preparar fichas de trabajo, módulos sencillos, juegos, ejercicios, etcétera.

# OBSERVACIONES GENERALES

Deseamos puntualizar que el material aquí presentado se preparó con una visión generalizadora para dejar puertas abiertas al maestro; es decir, para que éste pueda desarrollar su aspecto creador. Nosotros nos limitamos a sugerir. Por tanto, el educador puede hacer las adaptaciones y cambios que considere pertinentes; pero recordando siempre que cada estudiante es único y que al utilizar el material debe tener en cuenta el nivel de madurez del niño al que se le pretenda enseñar. La planificación ha de responder al diagnóstico y a la evaluación continuos: éste es el medio para saber cuándo un alumno puede pasar al Nivel siguiente.

Nótese que hay múltiples y variados ejercicios para cada aspecto. Esto facilita el trabajar con los distintos estilos de aprendizaje y las diferencias individuales de los alumnos.

El maestro puede prescindir de algunos si así lo creyera conveniente, o producir más ejercicios similares, partiendo de las estructuras que aquí se le ofrecen.

Le conviene observar que estos ejercicios se prepararon atendiendo a su articulación con otras disciplinas, y puede articular, por su parte, en ciencias, matemáticas, arte, etc.

Tanto en este Nivel como en los siguientes, ha de tenerse presente un objetivo importante para todo educador que enseñe la lengua vernácula: el enriquecimiento y perfeccionamiento del léxico. Por tanto, el maestro debe estar atento a ello a lo largo de todo el proceso de enseñanza, así como a todas las artes del lenguaje; a saber: *hablar, escuchar, leer y escribir*, ya que atenderá a todas con cautela. Debe recordar, por otra parte, que el desarrollo de valores y actitudes, así como el de la capacidad creativa del alumno, es esencial en su labor docente.

## Guía del maestro

Correspondiente al *Cuaderno del estudiante*
para la Serie de Gramática Estructural
ESPAÑOL PASO A PASO

## Nivel 3

# INTRODUCCIÓN

La Serie *Paso a paso* se preparó con el fin de facilitar al estudiante y al maestro el acercamiento a la moderna gramática estructural. El enfoque tradicional hoy no tiene vigencia, ya que no responde al método científico que abarca otras áreas importantes del conocimiento humano y que la lingüística incorporó tardíamente.

En este Nivel 3 ya el alumno conoce la Serie porque se inició con ella en los niveles anteriores. Conoce algunos de los vocablos técnicos del estructuralismo científico, así como el acercamiento al mismo: funcionalmente, o sea, estableciendo relaciones entre los términos lingüísticos que componen la oración. De igual forma, puede haber captado una consideración semántica (relativa a la significación), sin la cual es imposible una descripción gramatical.

Para el maestro, que con toda probabilidad pasará por un período de transición de la gramática tradicional al análisis estructural, tampoco ha de ser un grave problema, porque no se trata de un cambio radical. En la nueva nomenclatura gramatical se conserva, esencialmente, la terminología generalmente conocida.

El maestro ha de estar alerta para que el proceso de enseñanza y aprendizaje de la gramática se armonice con los textos y con otros materiales de lectura. En ese proceso, la enseñanza gramatical se llevará siempre a cabo dentro de un contexto lingüístico o se partirá de él.

El enfoque tradicional se aparta de la sistematización que requiere todo acercamiento científico a la lengua. No puede sistematizarse si no existe una unificación. En consecuencia, es necesario lograr un acercamiento al material lingüístico por medio de una ordenación juiciosa de dicho contenido.

La gramática estructural estudia las formas lingüísticas que resultan de las relaciones de los elementos lingüísticos. Éstos se estudian como parte integrante de un todo. Es esa totalidad de elementos interrelacionados lo que denominamos *estructura*. La gramática es, pues, el análisis de esas estructuras. Lo importante en este enfoque moderno es la lengua en función y la gramática al servicio de ella. La gramática y la lengua se complementan mutuamente.

En el proceso de enseñanza y aprendizaje el maestro deberá hacer las adaptaciones que estime convenientes y llevar los conceptos de la manera que crea más apropiada, pero siempre hará un inicio correcto de los mismos. Su centro de interés y de máxima atención, en todo momento, serán las diferencias individuales y las características especiales de su grupo, así como el desarrollo óptimo de unas destrezas lingüísticas.

En este Nivel 3 se usarán los libros de texto, las adivinanzas, las canciones, las lecturas preparadas por el maestro... Estos materiales deberán responder a las particularidades del grupo de estudiantes, así como a las necesidades peculiares de cada discípulo.

Después de introducir el concepto gramatical, el alumno —dirigido por el maestro— pasará a trabajar en el *Cuaderno del estudiante*. Si el niño necesita más práctica aún, el profesor preparará otros ejercicios similares a los del *Cuaderno*. En caso de que el niño no domine aún la mecánica de la lectura, el profesor lo guiará para que pueda trabajar independientemente. El educador ha de tener constantemente presente las diferencias en los estilos e inclinaciones para aprender del estudiante y proveer materiales didácticos que le ofrezcan la ayuda precisa. Al efecto, debe utilizar siempre distintos métodos, recursos y materiales para satisfacer las diferencias individuales de cada educando.

Como señalamos anteriormente, la enseñanza se dará siempre en un contenido literario, nunca de forma aislada. Se determinará qué contenido y cuándo ofrecerlo por medio del diagnóstico. Éste debe efectuarse continuamente para poder trazar un plan eficaz que responda a las necesidades particulares de cada alumno. Por lo tanto, el momento para que éste trabaje en el *Cuaderno* dependerá de su grado de madurez.

Esta Serie no pretende reemplazar los libros de lectura que usan el estudiante y el maestro, sino servir como un *auxiliar* para articular la enseñanza de la gramática con la lectura y demás artes del lenguaje, así como con otras áreas curriculares. La Serie pretende, además, fortalecer la enseñanza del vernáculo (español), para que de manera funcional adquiera el estudiante unas destrezas lingüísticas, con dominio pleno de su lengua oral y escrita.

Advertimos al maestro que en la enseñanza de la gramática no ha de exigirse, *bajo ningún concepto,* la memorización de reglas. Ya la palabra «funcional» lo indica así. La función es, pues, el papel que desempeña un elemento en la estructura gramatical de un enunciado. Por lo tanto, el alumno, por medio del análisis de diferentes contenidos lingüísticos irá descubriendo, analizando las relaciones de las estructuras gramaticales.

Conviene señalar que en este trabajo hemos tenido presente el enriquecimiento del vocabulario del alumno. En consecuencia, el profesor introducirá siempre cualquier vocablo nuevo para el estudiante dentro de un contexto lingüístico.

En la redacción y selección de los contenidos lingüísticos hemos incluido materiales concernientes a otras áreas del currículo. Ello facilitará al maestro la articulación del español con las mismas. Asimismo, se incluyen aspectos referentes a todas las artes del lenguaje, ya que el profesor ha de tener presente esta relación continua. Como puede notarse, la secuencia y la profundidad son unas constantes de este trabajo.

El maestro estará atento a las direcciones que se ofrecen en el *Cuaderno del estudiante* para aclarar cualquier duda del educando. En ocasiones deberá completar las instrucciones que se ofrecen, ya que hemos evitado preparar instrucciones muy complicadas o extensas. Notará también el maestro que proveemos para la clarificación de valores y el desarrollo de una actitudes óptimas.

Esperamos que esta *Guía* sea de mucha ayuda para el maestro, porque así podrá comprender, en forma sencilla, la moderna gramática estructural. No pretende la *Guía* ser un tratado más de gramática, sino un trabajo de orientación dirigida. En ella se ofrecen, además, variados ejercicios para que sus estilos de enseñanza puedan enriquecerse y ampliarse. Nuestra meta inmediata es contribuir a un mejor dominio del lenguaje y a un proceso de enseñanza y aprendizaje que se efectúe con seguridad, confianza y fe en la labor realizada.

Con esta Serie se preparó una *Gramática*. El fin es clarificar cualquier duda del maestro y darle seguridad en el manejo de la lengua. Por lo tanto, le recomendamos que la use continuamente como libro de consulta. En ella encontrará explicaciones y ejemplos que harán más satisfactoria su labor.

# I. ORACIÓN, PROPOSICIÓN, PALABRA Y FONEMA

El estudiante del Nivel 3 se inició en el desarrollo de unas destrezas gramaticales que irán aumentando de dificultad en esta etapa y en las siguientes. Los conceptos son los mismos; la diferencia está en la complejidad de los contenidos lingüísticos que se atenderán sistemáticamente.

Es imprescindible que el maestro efectúe un buen diagnóstico antes de iniciar al estudiante en este Nivel. El diagnóstico revelará dónde se encuentra el estudiante y dónde ha de comenzar el maestro. La prueba diagnóstica deberá responder a las destrezas que se incluyen en los Niveles anteriores (1 y 2).

Se recomienda que al iniciar el estudio de la gramática junto a los materiales y libros de texto, el maestro parta de las experiencias previas de los niños y de todo aquello que considere apropiado para estimular el desarrollo de los diversos aspectos gramaticales que se incluyen en cada Nivel escolar.

El maestro podrá comenzar el estudio del aspecto gramatical —oración, proposición, palabra y fonema— por medio de una conversación con los estudiantes en la que les pida que piensen algo sobre algún tema. Luego, los alumnos podrán decir oralmente lo que han pensado. El maestro puede clasificar los contenidos lingüísticos que ofrezcan y guiarlos para que comprendan la estrecha relación que existe entre la palabra y el pensamiento. El profesor puede entonces referirse a alguna lectura, poema o canción conocidos por los niños. Éstos llegarán a la conclusión de que antes de escribir o hablar hay que pensar y que los pensamientos se tienen que expresar con palabras.

Partiendo de las ideas de los niños se redactan oraciones y se escriben en la pizarra.

*Ejemplo*:

a) (oración) *El niño está asustado.*
— ¿En quién se piensa?

— En el niño.

— ¿Qué decimos del niño?

— Que está asustado.

b) (oración) *El indio mira el río.*

— ¿En quién se piensa?

— En el indio.

— ¿Qué decimos del indio?

— Que mira el río.

Luego las oraciones se leen y se analizan desde el punto de vista oracional para que los estudiantes infieran que todo lo que se habla o se escribe se hace por medio de una palabra o de un conjunto de palabras que son independientes y que expresan un pensamiento completo, o sea, tienen sentido. (Poseen independencia sintáctica.)

El maestro puede tambien leer un párrafo o un fragmento de una selección con la debida entonación y las pausas necesarias. Así los estudiantes identificarán las oraciones en el párrafo. (Un buen lector puede leer el párrafo o el material que el maestro seleccione.)

Ofrecemos a continuación un párrafo que puede servir de modelo al maestro. Por supuesto, cabe sustituirlo, enriquecerlo, etc. Queda a su discreción el hacerlo.

## LOS ELEFANTES

Los elefantes son animales que pueden alcanzar de tres a cuatro metros de altura. Pueden llegar a tener el peso de cien hombres. Beben mucha agua y su alimentación es vegetariana. El elefante no es tan manso como parece. La trompa es la nariz del elefante. En su nariz radica gran parte de su fuerza. Con su trompa puede derribar árboles; puede levantar a sus enemigos y lanzarlos al aire. También la usa para tomar agua. El elefante usa sus largos colmillos de marfil para defenderse. Cuando los elefantes están tranquilos caminan pesadamente, pero si se enfurecen, corren y aplastan con sus patas todo lo que se les pone por delante. Ellos tienen una vista muy aguda y un olfato muy fino.

Después que se lea el párrafo se separarán las oraciones por medio de corchetes [ ]. El profesor explicará a sus alumnos que van a usar ese signo para separar las oraciones. Los alumnos analizarán cada oración y explicarán por qué se consideran oraciones.

El maestro no debe olvidar explicarles que la oración puede constar de una sola palabra; que toda oración comienza con letra mayúscula y termina con punto; lleva signos de interrogación si se pregunta y de admiración si es exclamativa. (Hágase hincapié en que en las oraciones exclamativas e interrogativas llevan los signos correspondientes al inicio y al final.) Pueden terminar también con puntos suspensivos (...).

Cabe utilizar las oraciones que los alumnos redacten, así como el párrafo sobre los elefantes para trabajar sobre la proposición y la palabra. Las proposiciones se separarán usando paréntesis ( ). La proposición se diferencia de la oración porque no tiene independencia sintáctica.

*Ejemplo*:

*[Amanecía.] [El sol embellecía la mañana.]*

(Aquí tenemos dos oraciones separadas por el punto final).
Veamos el mismo contenido con una estructura diferente:

*(Amanecía) y (el sol embellecía la mañana).*

(Las dos oraciones anteriores se convierten en una sola oración formada por dos proposiciones enlazadas por la conjunción *y*.)

Debe explicarse al estudiante que la proposición es un pensamiento completo, pero la distinguimos de la oración porque en lo escrito no tiene punto final y en lo hablado no hay pausa. Una proposición se puede convertir en oración. Analícese el concepto proposicional, ofreciendo ejemplos en la pizarra y clarificación al alumno.

En este aspecto gramatical se trabajará también con la oración afirmativa y con la negativa. Además, se presentará la oración unimembre (que no se puede dividir) y la bimembre (que tiene sujeto y predicado).

*Ejemplos*:

a) oración unimembre: *¡Alto!*
b) oración bimembre: <u>*Carla*</u>   <u>*pasea con su muñeca.*</u>
                S           P

Una vez esté seguro el maestro de que sus discípulos entienden la diferencia entre oración y proposición, pasará a enseñar la diferencia entre la oración unimembre y la bimembre. (Recuérdese que siempre hay que partir de las lecturas que el niño realice, articulando la gramática con la lectura.)

Se ofrecerá suficiente práctica de los aspectos señalados y se pasará entonces al *Cuaderno del estudiante.* Ténganse en cuenta las diferencias individuales para ofrecer reenseñanza si fuese necesario.

# II. ESTRUCTURA DE LA ORACIÓN: SUJETO Y PREDICADO

Para iniciar el estudio de la estructura de la oración, el maestro puede presentar una o varias láminas que ilustren cualquier tema de los que se incluyen en el currículo de este Nivel 3, y se conversará sobre el tema escogido. El profesor tratará de conseguir el mayor número de aportaciones e ideas creadas por los niños; hará preguntas para motivar la conversación y escribirá en la pizarra varias de las oraciones que los niños hayan redactado. Se leerán las mismas oralmente y se indicará a la clase la función del sujeto en la oración. (La función es la relación que establece un término lingüístico con los demás, o sea, el papel que desempeña un elemento en la estructura gramatical de un enunciado.) La función del sujeto en la oración (semánticamente, desde el punto de vista del significado) es aquello de lo que se afirma o niega algo. Funcionalmente, el sujeto es el componente inmediato de una oración bimembre, que no es el predicado.

Hay que presentar los conceptos de una manera práctica, funcional, y lograr que los estudiantes noten y reconozcan el sujeto. Vamos a imaginarnos que el maestro presenta la lámina de un lago.

*Ejemplos* de oraciones que pueden surgir:

*El agua del lago es cristalina.*
*El fondo del lago está formado de arena.*
*En el lago hay peces grandes.*
*Las plantas verdes crecen cerca del lago.*

A continuación pregunta el profesor: «¿De quién o de qué se habla en la primera oración? ¿En la segunda? ¿En la tercera? ¿En la cuarta?» Se subrayará la parte de la oración que indica el sujeto. (Conviene utilizar tizas de colores.) Se explicará a los alumnos qué es el sujeto, cuya definición ya hemos visto.

Llegados a este Nivel, creemos que el estudiante puede usar la palabra técnica, o sea, sujeto. Insistimos una vez más en que el maestro es quien decide si el alumno está preparado o no para ello. Se ofrecerá práctica al alumno, recordando que nunca se presenta el vocabulario aislado, sino dentro de un contenido lingüístico. Procederá entonces a presentar oraciones con el sujeto en diferentes posiciones: al principio, en el medio y al final de la oración. También puede estar omitido (tácito). Por lo tanto, debe explicarse.

Luego los alumnos realizarán los ejercicios del *Cuaderno del estudiante.* El maestro debe dar las instrucciones claras y precisas. Además hará el ejercicio en la pizarra para que los alumnos tengan clara la tarea que van a efectuar.

No podemos poner límite de tiempo a las actividades y a los ejercicios que se realicen, pues ello dependerá del grado de madurez del estudiante, así que el maestro debe recordar que el ritmo de aprendizaje de sus alumnos varía. Esto significa que unos podrán aligerar el trabajo más que otros. En ese caso habrá de proveerles ejercicios adicionales.

Una vez que el educando haya captado la función del sujeto simple, el maestro procederá a presentar el sujeto compuesto.

El primero consta de un solo sujeto.

*Ejemplo:*

<u>Los niños</u>  / *fueron a la playa.*
  S s

En cuanto al compuesto, consta de dos sujetos.

*Ejemplo:*

<u>Los padres y los hijos</u> / *fueron a la playa.*
    S c

El maestro no debe olvidar que este proceso puede llevar varios días. A él le corresponde determinar el tiempo que le tomará la introducción y la práctica de cada concepto. Una vez que el alumno tenga bastante dominio de la significación del concepto gramatical sujeto, el maestro introducirá el predicado en forma similar. Primero presentará el predicado simple, es decir, el que tiene un solo predicado. (Semánticamente, el predicado es lo que se dice del sujeto; funcionalmente, es el constituyente inmediato de una oración bimembre que no es el sujeto.)

*Ejemplo:*

*Los niños / <u>fueron a la playa.</u>*
P s

Luego se introducirá el predicado compuesto, que consta de dos predicados.

*Ejemplo:*

*Los niños /<u>fueron a la playa y recogieron caracoles.</u>*
P c

Después que se ofrezca suficiente práctica en estos aspectos sobre la estructura de la oración, el maestro determinará quiénes no tienen aún el concepto claro. Utilizará todos los materiales de lectura disponibles para el Nivel, con el fin de dar mantenimiento a este concepto gramatical y a todos los aprendidos.

Anteriormente hemos indicado (al explicar el concepto oracional) la diferencia entre la oración unimembre y la bimembre. Profundizaremos ahora en sus aspectos gramaticales.

El maestro guiará a los niños para que noten la diferencia entre las oraciones unimembres y las bimembres. La primera expresa una comunicación completa, pero no puede distinguirse el sujeto del predicado. Se compone de una parte.

*Ejemplo:*

*Relampaguea.*

La oración bimembre (*bi* significa dos) se compone de dos partes: sujeto y predicado.

*Ejemplo:*

*<u>El joven</u> / <u>escuchó el canto de la doncella.</u>*
S                  P

Se analizarán diferentes oraciones para que el estudiante pueda notar la diferencia entre la oración unimembre y la bimembre; entre el sujeto simple y el compuesto; entre el predicado simple y el compuesto.

Se analizarán las oraciones bimembres para que los estudiantes puedan captar cuál es la palabra o las palabras más importantes del sujeto (núcleo). El núcleo del sujeto es un sustantivo. La función del núcleo del sujeto la desempeña fundamentalmente el sustantivo (o palabra sustantivada).

*Ejemplo* de un caso de palabra sustantivada:

Lo **bonito** *gusta a todos.*

Nótese cómo «bonito», que generalmente desempeña la función de adjetivo, aquí está sustantivado (ejerce la función de sustantivo).

*Ejemplo:*

<u>El niño</u> / *bañó a su perro en el río.*
　　S

*niño* es el núcleo del sujeto, es la palabra más importante del sujeto.

Se realizarán diferentes ejercicios para que el maestro compruebe si los estudiantes son capaces de localizar el núcleo del sujeto. Cuando puedan hacerlo, estarán preparados para identificar y localizar el núcleo del predicado.

*Ejemplo:*

*El niño / baña a su perro en el río.*

¿Cuál es el predicado? Se analizará éste. ¿Cuál es la palabra más importante del predicado? *baña* ¿Por qué? Si elimináramos la palabra *baña,* la oración no tendría sentido. El maestro debe explicar que el núcleo del predicado es una clase de palabra que expresa una acción (verbo). Se ofrecerá suficiente práctica hasta que los niños puedan localizar el núcleo del predicado y el del sujeto. Luego, realizarán los ejercicios del *Cuaderno del estudiante.* Se insiste una vez más en que si no dominan bien el concepto, el maestro tiene que preparar ejercicios adicionales para que lo consigan.

El maestro introducirá luego la diferencia entre la oración simple y la compuesta. La oración simple consta de un solo sujeto y de un solo predicado.

*Ejemplos de oración simple:*

*El papá llegó anoche.*
*Mi hermana escondió las tijeras.*

En una oración simple, el sujeto puede estar omitido.
*Ejemplo:*

*Vinieron pronto.*
(*Ellos* es el sujeto y está omitido.)

*Ejemplos de oración compuesta:*

*Los leones y los tigres son animales salvajes.*
(Dos sujetos y un predicado)

*Los jóvenes son estudiosos y responsables.*
(Un sujeto y dos predicados)

*El muchacho corrió cuando su jefe se lo ordenó.*
(Dos proposiciones)

*Mi hermano y mi papá serruchaban y lijaban.*
(Dos sujetos y dos predicados).

Se realizarán diferentes ejercicios para ofrecer práctica y dar mantenimiento en el reconocimiento de las oraciones simples y las compuestas.

Se recomienda la administración de pruebas parciales y finales (evaluación formativa y sumativa) para determinar el aprovechamiento de los alumnos en términos de la adquisición de las destrezas y los conceptos. Los resultados que estas pruebas reflejen orientarán la enseñanza y la reenseñanza.

# III. CLASES DE ORACIÓN
## SEGÚN LA ACTITUD DEL HABLANTE

El maestro puede iniciar una conversación con los estudiantes sobre algunas de las experiencias de éstos con los animales, los viajes, las películas, etc. Los alumnos redactarán oraciones y éstas se escribirán en la pizarra. El maestro llamará la atención del alumno sobre el uso de la letra mayúscula al comenzar a escribir una oración y el uso del punto final. (En este caso, se usará el punto final, ya que las oraciones son enunciativas; aunque la oración enunciativa puede ser exclamativa y se usarían los signos de exclamación entonces. Pero este concepto se presentará después.) El profesor pedirá a los estudiantes que lean las oraciones escritas en la pizarra.

Posibles oraciones dictadas por los niños:

*Mi perra tuvo cuatro perritos.*
*Los perritos son pequeños y bonitos.*
*Mi papá nos llevó al parque de diversiones.*
*Mis hermanos y yo gozamos mucho.*
*No me gustó la jirafa.*
*No quise subir a la estrella.*

El maestro guiará a los estudiantes en el análisis de las oraciones y preguntará: ¿Qué intención se expresa en la primera oración?, ¿y en la segunda?, etc. Llevará a los estudiantes a captar que estas oraciones nos dicen, nos expresan algo. Algunas afirman; otras niegan. Son oraciones enunciativas o aseverativas: las más frecuentes en español. Las oraciones enunciativas pueden ser exclamativas si expresan exclamación o admiración.

*Ejemplos:*

*¡Qué bonito es!*
*¡Cómo salta el perro!*
*¡No podemos huir!*

El profesor presentará láminas u objetos para que los alumnos redacten oraciones sobre ellos. De igual modo, ofrecerá suficiente práctica hasta que los estudiantes distingan el contenido de las oraciones enunciativas e indiquen cuál es la intención del hablante en esa clase de oración. Los educandos realizarán además los ejercicios del *Cuaderno del estudiante*.

El profesor utilizará los materiales y libros de textos del Nivel y las experiencias previas de los niños, así como todo aquello que considere apropiado para enseñar las diferentes clases de oración.

**Interrogativas:** son las oraciones que demandan una respuesta, que preguntan algo. (En este Nivel no se hablará de la interrogativa indirecta, pero si el maestro considera que algunos estudiantes son capaces de distinguir el contenido de la misma, puede enseñarla).

a) directa:                b) indirecta:
*¿Qué desean comer?*    *Me gustaría saber qué desean comer*

La interrogativa indirecta no lleva signos de interrogación, pero siempre tiene una palabra interrogativa: *qué, quién, cuándo, dónde,* etcétera.

La **oración interrogativa** también puede ser *exclamativa*; dependerá de la expresión y la actitud del hablante.
*Ejemplo:*

*¡Cuándo llegará!*

**Desiderativas:** expresan deseo.
*Ejemplos:*

*¡Que Dios te guarde!*
*¡Quisiera ir a España!*
*Ojalá todo quede bien.*

**Dubitativas:** expresan duda.
*Ejemplos:*

*Quizás vaya al teatro.*
*Tal vez vuelva a verte.*

**Exhortativas o imperativas**: expresan una orden, un ruego o un consejo.
*Ejemplos*:

*Cierra ese libro.* (orden)
*Mucho juicio.* (consejo)
*Camina despacio.* (ruego)

Recordará el maestro que, para muchos estudiosos de la lengua, la oración exclamativa no constituye una clase de oración, sino que todas pueden ser exclamativas; depende de la expresión e intención del hablante.

Podrá presentar diferentes clases de oración para que los alumnos las conviertan en exclamativas. Así se darán cuenta de que cualquier oración puede convertirse en exclamativa. Deben distinguir las oraciones que por su contenido hayan de leerse con énfasis especial y en las cuales han de utilizarse los signos de puntuación correspondientes.

Se ofrecerá práctica para que el niño identifique las diferentes clases de oración y discrimine la actitud del hablante respecto al contenido. Al alumno se le dará también oportunidad de redactar oraciones originales sobre poemas, cuentos, láminas y cualquier otro material adecuado a este Nivel.

Una vez que los alumnos hayan hecho los ejercicios de su *Cuaderno*, el maestro preparará otros similares para aquéllos que aún necesiten más práctica, pues las diferencias individuales han de tenerse en cuenta siempre. El maestro sabe qué puede hacer un niño talentoso y qué puede esperarse de otro más lento en el aprendizaje. Hay que dar a cada cual la oportunidad adecuada y tomar en consideración los resultados del diagnóstico continuo.

# IV. LAS PALABRAS SEGÚN SU FUNCIÓN: EL SUSTANTIVO

Volvemos a insistir en que el maestro necesita diagnosticar continuamente las dificultades de sus alumnos para ofrecerles la ayuda oportuna.

La introducción de estos conceptos, necesarios para el uso correcto de la lengua, se logra mediante muchos ejercicios, con el propósito de que los alumnos lleguen a las conclusiones.

Así, pues, el maestro ofrecerá a sus alumnos ejercicios frecuentes e interesantes sobre los conceptos enseñados, para asegurar el aprendizaje óptimo. Esta práctica ha de estar suficientemente motivada y siempre de manera funcional. El mantenimiento y la fijación de lo aprendido no debe confiarse a una sola lección; será tarea continua a lo largo de todo el curso.

El maestro aprovechará todas las oportunidades que se presenten para establecer la articulación con otros materiales del currículo.

La enseñanza de los sustantivos comunes y propios se inició en los Niveles anteriores. En éste habrá que dar mantenimiento a esas destrezas. Al efecto, el maestro aprovechará la ocasión para recordar lo que los alumnos aprendieron sobre el sujeto, sobre el núcleo del sujeto y sobre la función del sustantivo en la oración que se incluye en este Nivel. Puede partir de las experiencias de los niños, de los objetos del aula, de algunas láminas, etc., de manera que oriente a los niños para que redacten las oraciones.

*Ejemplos de posibles oraciones que los niños dicten:*

*El niño escribe una carta para su papá.*
*La lluvia entra por la ventana.*
*El jardín tiene muchas flores bonitas.*
*El jardinero podó el arbolito.*

¿Cúal es el sujeto en la primera oración? ¿en la segunda? ¿en la tercera?, etc. ¿Cuál es el sujeto de cada oración?

A medida que los alumnos vayan identificando el núcleo de cada sujeto, otros estudiantes lo subrayarán utilizando una tiza de color. Luego se procederá a leer todas las palabras subrayadas. ¿Qué se designa con el sustantivo *niño*? ¿Con *lluvia*? ¿Con *jardinero*? ¿Qué hacen esas palabras? ¿A qué se refieren? ¿Cómo se llaman? El maestro recordará a los niños que cualquier palabra que funcione como núcleo de sujeto es un sustantivo, también llamado nombre. Los nombres se refieren a cosas, animales o personas. El maestro guiará a los alumnos para que expliquen lo que es un sustantivo común. Se repasará la función del sustantivo en la oración que se incluye en este Nivel. Se presentarán párrafos, oraciones, poemas o adivinanzas para inducir a los estudiantes a concluir la definición de sustantivo o nombre propio, que se escribe siempre con letra inicial mayúscula. Puede el maestro presentar un poema como el siguiente, en el cual los alumnos señalarán los sustantivos:

### EL FLAMBOYÁN

El flamboyán florecido cerquita del manantial,
sus flores anaranjadas, sutiles, la brisa
alegra del mar.
En el flamboyán hay un nido; el nido,
¿de qué será? ¿De pájaros o palomas?
¡Qué bonito es su cantar!
Al lado hay una casita, al lado del flamboyán,
al lado de la casita, hay un bonito rosal.
En la casita vive un gran agricultor,
que cuida sus bellas rosas con cariño
y con amor.

(Recordamos al profesor que, en el proceso de enseñanza y aprendizaje, los logros dependen de las diferencias particulares del grupo.)

A continuación el maestro pasará a dar mantenimiento al nombre propio. Podría utilizar una selección como la siguiente o cualquier otra de los libros del estudiante:

Las Antillas Mayores las forman las siguientes islas: Cuba, Santo Domingo y Puerto Rico. Cuba tiene unos paisajes muy bellos que acurrucan las aguas del Mar Caribe. Santo Domingo tiene hermosas praderas que es un deleite visitar. En Puerto Rico, el canto del coquí arrulla amorosamente las noches de luna llena.

Llorens Torres las cantó en su poema *Canción de las Antillas.* Yo, que no soy poeta, no podré cantar como él, pero sí podré decir que son islas bellas, bellas.

Los alumnos subrayarán los nombres propios y concluirán generalizando en torno a la diferencia entre el nombre propio y el común.

Se utilizará más o menos el mismo procedimiento para atender los siguientes aspectos en el estudio del sustantivo común y el propio:

1. Los gentilicios son sustantivos comunes. Se escriben con letra minúscula:

a) *puertorriqueño.*

b) *americano,* etc.

2. Los sustantivos se modifican cuando se añade un prefijo o un sufijo:

a) *rey - virrey*

b) *ayuno - desayuno*

c) *yodo - yoduro*

3. Verbos que al añadírseles un sufijo se convierten en sustantivos:

a) *correr - corredor*

4. Hay sustantivos derivados:

a) *conejo - conejera*

b) *pelota - pelotero*

5. Sinónimos, antónimos, etc.:

a) *jardín - vergel* (sinónimos)

b) *día - noche* (antónimos)

71

6. Hay sustantivos compuestos:

   a) *girasol* - gira + sol
   b) *paracaídas* - para + caídas
   c) *Marirrosa* - María + Rosa

7. Sustantivos colectivos:

   a) *enjambre*
   b) *ganado*
   c) *manada*

8. Sustantivos abstractos. (Denominan lo que sólo existe en nuestra mente; los sentidos no pueden percibirlo):

   a) *belleza*
   b) *amistad*

9. Tenemos, además, sustantivos que siempre se usan en plural:

   a) *lavamanos*
   b) *saltamontes*
   c) *nupcias*
   d) *sacacorchos*

Después de haber introducido y ofrecido práctica de los conceptos que se incluyen en esta sección, el maestro pedirá a los alumnos que realicen los ejercicios de su *Cuaderno*. Para ello les dará instrucciones claras y precisas sobre cada ejercicio. (Recuerde que muchos alumnos podrán trabajar solos, pero otros necesitarán ayuda.) A los que necesiten más práctica se les proporcionarán ejercicios adicionales.

# V. PRONOMBRE (DETERMINANTE)

En el moderno estructuralismo, se define semánticamente el pronombre como un sustituto del nombre o sintagma nominal (sujeto). El pronombre hace referencia a nombres pretéritos o ausentes, anteriores o posteriores, sustituyéndolos, anunciándolos o señalándolos. Podemos decir que usamos los pronombres para no multiplicar los nombres. Sintácticamente, el pronombre realiza en la oración la misma función que el sustantivo.

*Ejemplo*:

***Los niños** llegaron ayer - **Ellos** llegaron ayer*

(Haga notar que *ellos* sustituye el sintagma nominal, *los niños.*)

En este Nivel 3 el profesor explicará el nombre técnico (pronombre) si cree que sus estudiantes pueden captarlo.

Conviene aclarar también que *yo, tú, usted* no son pronombres, pues no sustituyen al sintagma nominal.

El maestro podrá utilizar el procedimiento y el material que estime más adecuado para enseñar el pronombre en este Nivel 3. Puede utilizar también la narración sobre *El coquí*. En este Nivel sólo se enseñarán los pronombres personales: *él, ella, ello, ellos, ellas, nosotros, nosotras y ustedes.*

## EL COQUÍ

El coquí canta en el patio. Él nos alegra con su canto. Nosotros los observamos desde lejos. Ellos continúan canta que te canta: coquí, coquí, coquí.

Laura lo busca entre las hojas. Ella esperó que saltara para cogerlo. ¡Ustedes tampoco podrían!

Los alumnos subrayarán los pronombres y determinarán a quién sustituyen.

El profesor presentará otras oraciones sobre algún tema apropiado para este Nivel. Los niños sustituirán los sustantivos por los pronombres personales. El maestro ofrecerá la práctica que estime necesaria antes de llevar a los alumnos al *Cuaderno del estudiante.*

# VI. EL ARTÍCULO

En el moderno estructuralismo, el artículo se considera un determinante. Los determinantes señalan a qué objeto, persona, animal o cosa nos referimos. El determinante siempre se antepone al nombre. Esto le da una característica particular que lo diferencia de los otros determinantes, porque no se puede utilizar en cualquier situación, sino únicamente cuando el que habla y el que escucha saben de qué se trata. La presencia del artículo presta más concreción y limitación al nombre.

En el Nivel 3 se enseñarán los siguientes artículos: *el, los, la* y *las*.

En la gramática estructuralista, *un, uno, unos, unas,* no se consideran artículos. (*Un* y *una* son determinantes numerales, y *unos, unas,* determinantes indefinidos.)

El artículo y el nombre han de tener concordancia, es decir, deben concordar en género y número: *el* rocío, *la* capa, *los* botes, *las* rosas.

El profesor elegirá cuidadosamente, para la enseñanza del artículo, párrafos u oraciones. También podrá recurrir a poemas, adivinanzas, etc.

*Ejemplo:*

**Las** gotas de **la** lluvia
están sobre **las** rosas.
¡Lágrimas que tiemblan parecen!
A lo mejor **el** sol las seca
o las sorben **las** mariposas.

### ADIVINANZA

Me parezco a **la** herradura
y en medio de **la** luz estoy
al principio de **la** urna
y también en **el** universo.

(La letra *U*)

Los alumnos subrayarán los sustantivos que aparecen en el poema y en la adivinanza. El maestro señalará y llamará la atención sobre esas palabras que se escriben delante de los sustantivos. ¿Cuál es su función? El artículo actúa como indicador directo del sustantivo. No obstante, se le explicará al niño que el artículo es una palabra que acompaña al sustantivo común y concuerda en género y número con él. Los alumnos podrán señalar estos determinantes en las diferentes selecciones de los libros de texto o en cualquier otro material que el profesor considere adecuado a las necesidades particulares de sus estudiantes. Luego realizarán los ejercicios del *Cuaderno*, ayudados por el maestro aquéllos que lo precisen.

Es importante señalar que la enseñanza de todos estos aspectos del lenguaje debe vincularse en todo momento a la literatura y a las demás disciplinas del currículo. Así el alumno advertirá cómo el conocimiento de la lengua le ayuda a comprender mejor la obra literaria.

# VII. EL ADJETIVO

El adjetivo tiene gran variedad de funciones y significaciones. Y tiene dos funciones principales: como modificador del sustantivo y como atributo. En este Nivel sólo estudiaremos una de sus funciones: la de modificador del sustantivo. Es fundamental saber que el adjetivo siempre se refiere al nombre o tiene que ver con él.

Semánticamente, el adjetivo actualiza el sustantivo indicando cualidad, posesión o simplemente denotándolo. Siempre expresa un concepto que depende de otro.

Si decimos «bonito» lo pensamos como un concepto que depende de algún objeto. ¿Qué es lo bonito?

El adjetivo tiene género, número y grado. No todos presentan variaciones de género.

## 1. **El género:**

a) La mayoría tiene dos formas. (Si el sustantivo está en masculino, el adjetivo debe estar también en masculino; lo mismo en el caso del femenino.)

*niño alto - niña alta*
*oso blanco - tela blanca*

b) Puede tener una forma. (No hay variación de género.)

*cielo azul- cafetera azul*
*hombre feliz - mujer feliz*

## 2. **El número:**

Se expresa con una variación en la terminación. El número plural se forma añadiendo *s* o *es* al singular.

a) *bonito - bonitos*
b) *azul - azules*

## 3. El grado:

Como los adjetivos expresan cualidades de las cosas, éstas pueden darse en diferente cantidad. Los adjetivos poseen diferentes grados de significación. El adjetivo calificativo cambia de terminación y nos señala que la cualidad se llevó a un alto grado, el superlativo.

a) *bello - bellísimo*

b) El comparativo indica comparación:
*más alto que yo*
*tan alto como yo*
*menos alto que yo*

El profesor podrá preparar una exhibición de frutas o de animales y los alumnos expondrán verbalmente todo lo que observen sobre ellos. (Estas actividades de expresión oral tienen gran importancia.)

Luego el maestro puede presentar poemas o adivinanzas sobre alguna de las frutas.

*Ejemplo:*

### ADIVINANZA

Soy verde y áspera por fuera
blanca y pulposa por dentro
con mis semillas negras
te ofrezco sabor perfecto.

(La guanábana)

Cada alumno leerá la adivinanza o poema y expondrá todas las características de la fruta. También el estudiante podrá identificarse con su fruta preferida y se presentará cual si fuera la fruta, o sea, el niño pasará al frente del aula o se pondrá de pie e irá describiendo la fruta que representa.

*Ejemplo:*

*Soy amarilla*
*Soy redonda*
*¿Quién soy?*, etc.

Entonces se escribirán en la pizarra las oraciones o vocablos que los alumnos sugieran. Se observarán y leerán las palabras descriptivas (adjetivos).

Otra forma de iniciar el estudio del adjetivo es por medio de una conversación que sirva de introducción al tema, por ejemplo, la descripción de las características de algún animal preferido por los alumnos.

Mediante las actividades que el profesor provea, los alumnos han de distinguir el adjetivo en textos, párrafos, oraciones, proposiciones, etc. Los estudiantes notarán la concordancia entre el determinante artículo, sustantivo y adjetivo.

Se vuelve a insistir en la necesidad de que las oraciones gramaticales se enseñen de manera *funcional*. Otros aspectos que se tomarán en cuenta al enseñar el adjetivo:

Adjetivos **calificativos**: los que indican cualidades de personas y cosas:
*bello, brilloso*

Adjetivos que **se derivan de sustantivos**:
*bondadosa,* de *bondad*
*amoroso,* de *amor*

Adjetivos que **se derivan de verbos**:
*corredor,* de *correr*
*andador,* de *andar*

## VIII. EL VERBO

El verbo es la palabra que, sola o unida a otra, funciona como núcleo del predicado (sintagma verbal) en la oración (sintácticamente). Semánticamente indica acción, proceso o estado. El verbo es una de las partes de la oración que varían por medio de las desinencias o morfemas de *tiempo, modo, número, persona, voz* y *aspecto*. El *tiempo* indica el momento en que se ejecuta la acción del verbo. El *modo* indica la intención del hablante en relación con la acción. El *número* indica si la acción la realiza una persona o más de una. La *persona* expresa si la acción la ejecuta la primera persona, la segunda o la tercera. El verbo puede estar en voz activa o en pasiva.

*Ejemplo*:

*Mi amigo <u>escribió</u> unos versos.*
         (voz activa)

*Los versos <u>fueron</u> <u>escritos</u> por mi amigo.*
         (voz pasiva)

Los alumnos de este Nivel ya saben que la palabra principal o núcleo del predicado es la palabra de acción o verbo.

El profesor iniciará el estudio del verbo mediante un repaso sobre el sujeto y el predicado, y los alumnos buscarán el núcleo de éste.

El maestro enlazará esta actividad con otra en la cual dé a los alumnos instrucciones orales en la que ellos ejecuten diferentes acciones. Pregunta por ejemplo «Qué hace Rafael? ¿Qué hace María?», etcétera.

Escribirá esas palabras en la pizarra dentro de un contexto.

*Ejemplo*:

*María salta.*
*Rafael escribe.*

Se procederá a leerlas y analizarlas. Después los alumnos redactarán otras con verbos distintos.

En este Nivel 3 se definirá el verbo semántica y sintácticamente, como se señala anteriormente.

En esta etapa se estudiarán el presente, el pasado y el futuro de los verbos y la forma pura del infinitivo. Los alumnos podrán completar oraciones con verbos adecuados, identificar verbos en selecciones, párrafos, oraciones, etc. Es importante que de manera funcional capten lo que es el verbo y su importancia en la oración gramatical.

Una vez que se estudien cuidadosamente los tiempos simples del presente, del pasado y del futuro, es conveniente ofrecer práctica en su discriminación y uso.

El maestro y un estudiante podrán decir un pronombre y un verbo; otros alumnos dirán las formas correspondientes en presente, pasado y futuro.

Es fundamental que el maestro facilite una variedad de ejercicios para que los alumnos reconozcan las formas verbales y las expresen de forma correcta.

Los estudiantes trabajarán en su *Cuaderno.* Unos podrán hacerlo solos; otros, necesitarán ayuda.

Insistimos en que el maestro ha de evaluar continuamente para conocer en el estado en el que están sus alumnos y decidir si tiene que reenseñar.

## IX. PARTES INVARIABLES DE LA ORACIÓN: EL ADVERBIO

Funcionalmente, el adverbio modifica al verbo lo mismo que el adjetivo al sustantivo. El adverbio no admite morfemas de género, número y persona, pero en las formas derivadas de adjetivos puede adoptar los de grado y derivación.

*Ejemplos:*

*Comió **rapidísimo**.*
*Anduvo **rápidamente**.*

El adverbio puede complementar:

a) un verbo - <u>*Camina*</u> *rápidamente.*
     V

b) un adjetivo - *El bizcocho está muy **<u>sabroso</u>** .*
                                                    Adj.

c) otro adverbio - *Corrió **<u>demasiado</u>** <u>rápido</u>*
                             Adv.              Adv.

En este Nivel 3, el alumno enfrenta por primera vez el aprendizaje del adverbio. Al efecto, el maestro será muy cauteloso en la introducción de este aspecto gramatical para que el educando pueda desarrollar esta destreza de la mejor manera posible.

Para la introducción del nuevo concepto, se utilizará el material disponible en el Nivel. Recomendamos nuevamente que la presentación del material se efectúe dentro de un contexto lingüístico y no de forma aislada. Así, de manera práctica y funcional, el estudiante observará y podrá construir diversas estructuras oracionales, y captar por su función los adverbios y otros conceptos aprendidos.

Para adquirir dominio en el uso del adverbio, el profesor proveerá actividades variadas. Además, los alumnos realizarán los ejercicios que aparecen en el *Cuaderno del estudiante*. Si el profesor estima que algunos de ellos requieren más práctica, puede crear otros ejercicios similares e incluir cualquier otra actividad que le parezca oportuna: trabajo individual, tutoría, etcétera.

# X. PARTES INVARIABLES DE LA ORACIÓN: LA PREPOSICIÓN

Son palabras invariables que unen una palabra con un complemento (sintácticamente). La preposición puede unir:

nombres - El *plato de* porcelana se cayó.
           N     Prep.

pronombres - *Ella, con* su mamá, está feliz.
             Pron. Prep.

adjetivos - *Su pelo es rubio sin teñir.*
                      Adj. Prep.

verbo - *Vendrá a* Puerto Rico.
           V.     Prep.

Además, se enseñará en este Nivel 3 la relación que establece la preposición entre los elementos que une: lugar (*debajo*), tiempo (*hasta*), posesión (*de*), dirección (*hacia*), compañía (*con*), origen (*desde*), posición (*tras*). (Nótese a continuación lo que indicamos.)

*Ejemplos:*

*La bola está **debajo** de la mesa.*
*Vino **hasta** mí.*
*El trompo es **de** Raúl.*
*Viene **hacia** ti.*
*Ella duerme **con** su osito*
*Viene **desde** Europa.*
*El perro va **tras** Carlos.*

El maestro podrá utilizar descripciones, poemas cortos, oraciones, etc., para iniciar una conversación que le permita introducir el nuevo concepto. Una vez el maestro crea que los alumnos están preparados, éstos pasarán a realizar los ejercicios del *Cuaderno.*

# XI. PARTES INVARIABLES DE LA ORACIÓN: LA CONJUNCIÓN

Sintácticamente, la conjunción es un tipo de enlace que une dos palabras de igual función gramatical.

*Ejemplos*:

a) dos sujetos- *Pablo y Pedro fueron a pescar.*
b) dos verbos - El *niño se distraía o se dormía.*
c) dos sustantivos - *Cerré el libro y la libreta.*

La conjunción es invariable.

El profesor iniciará el estudio de este aspecto en la forma que le parezca más fructífera para sus alumnos. Es importante recordar que nuestro propósito primordial es lograr que los estudiantes conozcan y manejen mejor su idioma. Es por esta razón por lo que el maestro puede utilizar las experiencias de los niños, las noticias del día y otros asuntos que sean de interés para los educandos, de manera que ellos se interesen en el estudio de la conjunción. Después redactarán oraciones y usarán las conjunciones; así se darán cuenta de cómo algunas partículas pequeñas de la oración son muy importantes para expresarnos con claridad y corrección. A partir de la oración se analizarán todas sus partes hasta llegar al elemento que es motivo de estudio en este momento.

Una vez que los alumnos realicen diferentes actividades donde usen y reconozcan las conjunciones, pasarán a trabajar en el *Cuaderno.*

Conjunciones que se enseñarán en este Nivel: *o, y, e.*

La gramática tradicional incluía la interjección entre las partes de la oración, pero la gramática estructuralista especifica que la interjección equivale a una oración completa. Son expresiones muy breves que manifiestan emoción y se escriben entre signos de admiración. Por lo tanto, se enseñará a los alumnos como una oración.

# XII. OTROS ASPECTOS GRAMATICALES: EL NÚMERO

El *singular* se distingue cuando se refiere a una sola cosa, el *plural* cuando se refiere a más de una. El plural se forma añadiendo el morfema *s* o *es* al singular. El número tiene que estar en concordancia con el sustantivo, con el adjetivo y con el verbo.

En este Nivel 3 se inducirá al alumno al reconocimiento del concepto de singular y plural; se enfatizarán las formas singulares de los plurales; palabras que se escriben igual en plural que en singular (*la* dosis, *las* dosis); palabras que se escriben en singular, pero que comprenden más de uno (*semillero, regimiento, avispero*).

El concepto del número ya ha sido adquirido por los alumnos en los Niveles anteriores (1 y 2). En éste se tratará de perfeccionar progresivamente el uso correcto del singular y el plural. Para dar mantenimiento a este aspecto lingüístico, el maestro podrá invitar a los alumnos a jugar. Distribuirá entre ellos objetos o láminas que ilustren diferentes cosas en plural. Se presentará el objeto en singular y los alumnos presentarán el mismo objeto en plural. Redactarán luego una oración utilizando el plural de la palabra que indicó el profesor.

*Ejemplo:*

El maestro presenta un libro. El alumno que tiene dos o más libros dice «libros» y redacta la oración *Me gustan mis libros.*

Estas oraciones se escribirán en la pizarra y el maestro tratará de que los educandos noten la diferencia entre las terminaciones de los sustantivos que se refieren a un solo objeto y las que se refieren a más de uno. Recordamos, una vez más, la necesidad de que todas estas oraciones se introduzcan de manera funcional.

A través de varios ejercicios, los alumnos deben saber formar el plural de las diferentes palabras y la concordancia que debe existir entre artículo, sustantivo, verbo y adjetivo.

Luego los estudiantes pasarán a trabajar en su *Cuaderno*, ayudados por el profesor los que tengan necesidad de ello.

# XIII. OTROS ASPECTOS GRAMATICALES: EL GÉNERO

El género es un rasgo gramatical, no se trata de un accidente como tradicionalmente se enseñaba. El nombre mismo no comporta una condición de género, pues nada indica que *reloj* sea masculino y *carta* femenino. Hay muchos nombres femeninos que terminan en *a* (casa); pero hay otros que no terminan en *a* (mano). Los nombres no animados no tienen nada que identifique su género: *libreta* y *camisa* son femeninos; *pantalón* y *sillón*, masculinos.

En los Niveles anteriores, los alumnos estudiaron la diferencia entre varón y mujer, entre macho y hembra. Ahora podrán mencionar sustantivos comunes de personas y de animales. Se escribirán en la pizarra y al lado la pareja de cada uno. Los estudiantes han de decir las diferencias que existen en cada par de nombres:

a) diferencia en estructura
b) diferencia en significación

Otros estudiantes les colocarán delante el determinante apropiado (*el, la, un, una,* etc.) El profesor podrá ofrecer grupos de nombres para que los estudiantes observen que un cambio en el género requiere un cambio en otras partes de la estructura (artículo, verbo, etc.) Además, se realizarán ejercicios de concordancia con otros determinantes que no sean los artículos.

A través de todas estas actividades, el maestro podrá ofrecer a sus alumnos otros ejercicios para que distingan el género que se atribuye a las cosas. Después pasarán a contestar los ejercicios del *Cuaderno del estudiante*.

# XIV. FONOLOGÍA Y ORTOGRAFÍA

## Fonología

Es la parte de la gramática que estudia los fonemas. El fonema es el sonido que el hablante desea pronunciar. Es la unidad mínima desprovista de significado. El fonema pertenece a la lengua y los sonidos al habla. La fonología se relaciona con la fonética en que ambas tratan de los sonidos de una lengua, aunque desde un punto de vista diferente.

Los fonemas se dividen en dos clases: los consonánticos y los vocálicos. Son vocálicos: *a, e, i, o, u*. Éstos pueden formar sílabas por sí solos (*eu, io*). Los consonánticos no pueden formar sílabas por sí solos.

Conocer el alfabeto es imprescindible para los alumnos de este Nivel. Insistimos en la importancia de este aspecto para que así los estudiantes desarrollen y perfeccionen la destreza en el manejo del diccionario.

El maestro podría preparar adivinanzas sobre las diferentes letras.

*Ejemplos*:

Soy la última en el salto y estoy
en la orilla en primer lugar,
no puedo faltar en campo
pero nunca estoy en palmar.

(La letra *O*)

En el centro del puesto estoy,
además en el cielo y en las estrellas,
no estoy en el agua ni en la pintura,
adivine quién soy.

(La letra *E*)

De ahí pasará el maestro a discutir la importancia de las letras y del abecedario. El alumno ya conoce la estructura de la oración y sabe que las palabras forman una oración. En este Nivel, el estudiante comprenderá que hay unidades menores y unidades mínimas (fonemas y morfemas).

El profesor ofrecerá a los alumnos diferentes actividades y ejercicios para que ordenen alfabéticamente distintas palabras que empiecen con letras diferentes. Se tratará de perfeccionar esta técnica de trabajo a través de la realización de ejercicios encaminados a ordenar y a buscar palabras que empiecen con la misma letra. Así los estudiantes aprenderán a manejar el diccionario.

El uso y reconocimiento del orden alfabético se realizará de forma funcional en los ejercicios que se incluyen en el *Cuaderno del estudiante*, así como en otros similares que el maestro provea.

La sílaba es el fonema o conjunto de fonemas que se pronuncia con un solo impulso de voz. Las sílabas son libres si terminan en vocal (*sa, me, co*) y trabadas si acaban en consonante (*men, car*). Se enseñará la *clasificación de las palabras según el número de sílabas.*

a) **Monosílabas** - *de una sola sílaba:*
    es, con, su

b) **Bisílabas** - de dos sílabas:
    ca-sa, ro-sa

c) **Trisílabas** - de tres sílabas:
    ca-ta-rro, so-co-rro.

ch) **Polisílabas** - de más de tres sílabas:
    ad-je-ti-vo, in-te-rro-ga-ti-vo.

En este Nivel 3 se guía al alumno al reconocimiento del concepto de sílaba. Se recomienda utilizar los materiales apropiados para estimular el desarrollo de este aspecto gramatical.

El profesor proveerá ejercicios donde los niños dividan palabras en sílabas y reconozcan los monosílabos, bisílabos, trisílabos y polisílabos.

*Sin dar teorías ni normas sobre acentuación,* se realizarán ejercicios para que los alumnos localicen las sílabas tónicas. La enseñanza se efectuará siempre dentro de un contexto lingüístico. Se clasificarán palabras según el lugar que ocupa la sílaba que se pronuncia con más fuerza. Además, se relacionará al estudiante con el concepto de última, penúltima y antepenúltima sílaba.

Los estudiantes harán individualmente los ejercicios de su *Cuaderno*. El profesor ayudará a los que no estén preparados para trabajar solos.

Una vez que se haya ofrecido suficiente práctica, el profesor determinará si aún necesita preparar ejercicios adicionales para algunos estudiantes.

## Ortografía

Es el estudio de la escritura correcta de las palabras y el uso de una serie de signos que reflejan diferentes aspectos de la significación de las palabras: *mayúsculas, acentos, puntuación.*

Muchos lingüistas no consideran la ortografía como parte de la gramática, pero la hemos incluido por estimarla de suma importancia en cualquier Nivel.

En el aspecto ortográfico, se incluye en este Nivel 3 lo siguiente:

a) el uso de la letra mayúscula

b) usos de la *h* y de la *ch*

c) usos de *mb* y *mp*

ch) usos de *nv* y *nf*

d) acentuación de palabras llanas, agudas y esdrújulas.

e) monosílabos que unas veces se acentúan y otras no:

*té - te*

*más - mas*

*dé - de*

*sé - se*

f) algunos usos de la coma.

# OBSERVACIONES GENERALES

Pese a lo sencillo que parece, la redacción de oraciones es una base sólida para que luego el alumno tenga una expresión oral y escrita eficaz. A través de varios ejercicios construirá oraciones y observará el uso de la letra mayúscula al iniciarlas. El profesor repasará con los estudiantes cómo se distinguen las oraciones. Luego irán progresivamente hasta construir párrafos. Los alumnos pueden construir oraciones o párrafos acerca de las lecturas que hayan realizado, sobre la apreciación de láminas, poemas, y también basados en sus propias experiencias.

El profesor proveerá oportunidades variadas para que el niño se ejercite en el uso de la letra mayúscula, en el nombre propio, en las abreviaturas, etc.

Puede utilizar las mismas oraciones creadas por los niños para explicar el uso de la coma cuando existen enumeraciones de palabras de una misma clase. Además, se explicará el uso de la coma en el vocativo.

Se realizarán las actividades del *Cuaderno del estudiante*. Asimismo los alumnos buscarán en otros textos el uso de la coma.

Para ofrecer práctica de las letras de ortografía dudosa, se puede partir de un dictado que consistirá en un texto apropiado para este Nivel o en varias oraciones sueltas. Conviene explicar la importancia de escribir con buena ortografía. Luego hará referencia el profesor a los diferentes errores y deficiencias que encuentre en los trabajos de los alumnos y los estimulará para que comprendan la necesidad de escribir correctamente.

Se realizarán diversos ejercicios y actividades para ofrecer práctica en el uso adecuado de las letras de ortografía dudosa que hemos señalado. Insistimos una vez más en que las palabras no se presenten aisladas, sino dentro de un contexto lingüístico.

Con la realización de los ejercicios que aparecen en el *Cuaderno del estudiante*, los alumnos podrán dominar la destreza de la escritura en palabras que tienen letras de ortografía dudosa.

En el Nivel anterior ya se iniciaron en el uso y reconocimiento de la sílaba tónica. Ahora el maestro utilizará todos los materiales apropiados para guiarlos en el uso y reconocimiento de las palabras llanas, agudas y esdrújulas. Tratará de que los alumnos lleguen a estos conceptos de manera exclusivamente funcional, por medio de ejercicios y actividades.

Se insiste en que la adquisición de nociones gramaticales debe basarse en la práctica continua de una gran variedad de ejercicios. Además de los que provee el *Cuaderno del estudiante*, el profesor creará otros similares, ya que es quien conoce a sus alumnos y puede determinar qué es lo más conveniente para ellos.

Recuerde que esto es sólo una guía y debe utilizarla en forma crítica y creadora, ajustando el contenido a las necesidades particulares de su clase. El diagnóstico constante le ofrecerá una visión clara del nivel de desarrollo de sus educandos. La aplicación correcta de los resultados del diagnóstico le ayudará en la selección de actividades y materiales propios para la enseñanza.

Los recordatorios que aparecen en recuadro al pie de algunas páginas no son para que el estudiante los memorice como reglas, sino para que le sirven de refuerzo adicional. En ningún momento debe exigirse al educando que memorice reglas. La gramática estructural es funcional. Lo importante es, pues, conocer la función de las palabras en la oración.

Recomendamos al educador que estudie muy detenidamente el *Manual de orientación al maestro* para que domine, en toda su amplitud, los conceptos gramaticales modernos, aunque los simplifique para los niños.

Aquí se sugiere una serie de actividades y ejercicios, sólo como ejemplo de cómo desarrollar las clases. El profesor puede seleccionar, cambiar, sustituir o enriquecer estas actividades. La selección última de los materiales que utilice es responsabilidad suya, pues sólo él conoce las necesidades e intereses de sus alumnos.

Nótese que continuamente se trata de enriquecer el vocabulario del estudiante y la articulación que en todo momento debe existir con las otras áreas del currículo: ciencia, bellas artes, matemáticas, etc.

De la misma manera, se provee para la evaluación y el diagnóstico continuos.

*Guía del maestro*

Correspondiente al *Cuaderno del estudiante*
para la Serie de Gramática Estructural
ESPAÑOL PASO A PASO

**Nivel 4**

# INTRODUCCIÓN

La Serie *Paso a paso* se preparó con el fin de facilitar al estudiante y al maestro el acercamiento a la moderna gramática estructural. El enfoque tradicional hoy no tiene vigencia, ya que no responde al método científico que abarca a otras áreas importantes del conocimiento humano y que la lingüística incorporó tardíamente.

En este Nivel 4 ya el alumno conoce la Serie porque se inició con ella en los niveles anteriores. Conoce algunos de los vocablos teóricos del estructuralismo, así como el acercamiento al mismo: funcionalmente, o sea, estableciendo relaciones entre los términos lingüísticos que componen la oración. De igual forma, puede haber captado una consideración semántica (relativo a la significación) sin la cual es imposible una descripción gramatical.

Para el maestro, que con toda probabilidad pasará por un período de transición de la gramática tradicional al análisis estructural, tampoco ha de ser un grave problema, porque no se trata de un cambio drástico. En la nueva nomenclatura gramatical se conserva, esencialmente, la terminología generalmente conocida.

El maestro ha de estar alerta para que el proceso de enseñanza y aprendizaje de la gramática se armonice con los textos y con otros materiales de lectura. En ese proceso, la enseñanza gramatical se llevará siempre a cabo dentro de un contexto lingüístico o se partirá de él.

El enfoque tradicional se aparta de la sistematización que requiere todo acercamiento científico a la lengua. No puede sistematizarse si no existe una unificación. Por lo cual es necesario lograr un acercamiento al material lingüístico por medio de una ordenación juiciosa de dicho contenido. La gramática estructural estudia las formas lingüísticas que resultan de las relaciones de los elementos lingüísticos. Éstos se estudian como parte integrante de un todo. Es esa totalidad de elementos interrelacionados los que denominamos *estructuras*. La gramática es, pues, el análisis de esas estructuras. Lo importante en este enfoque moderno es la lengua en función y la gramática al servicio de ella. La gramática y la lengua se complementan mutuamente.

En el proceso de enseñanza y aprendizaje el maestro deberá hacer las adaptaciones que estime convenientes y deberá llevar los conceptos de la manera que él crea más provechosa, pero siempre hará un inicio correcto de los mismos. Su centro de interés y de mayor atención, en todo momento, serán las diferencias individuales y las características especiales de su grupo, así como el desarrollo óptimo de unas destrezas lingüísticas.

En este Nivel se usarán los libros de texto, las adivinanzas, las canciones, las lecturas preparadas por el maestro... Éstos deberán responder a las particularidades del grupo de estudiantes, así como a las necesidades peculiares de cada discípulo.

Después de introducir el concepto gramatical, el alumno —dirigido por el maestro— pasará a trabajar en el *Cuaderno del estudiante*. Si el niño necesita más práctica aún, el profesor preparará otros ejercicios similares a los del *Cuaderno*. En caso de que el niño no domine aún la mecánica de la lectura, el profesor lo guiará para que pueda trabajar independientemente. El educador ha de tener constantemente presente las diferencias en los estilos e inclinaciones para aprender del estudiante y proveerá materiales didácticos que propendan a ofrecer las ayudas propias para cada educando. Al efecto, el profesor deberá utilizar siempre distintos métodos, recursos y materiales para satisfacer las diferencias individuales.

Como señalamos anteriormente, la enseñanza se dará siempre en un contenido literario, nunca en forma aislada. Se determinará, por medio del diagnóstico, qué contenido y cuándo ofrecerlo. Éste deberá efectuarse continuamente para que el maestro pueda realizar un planteamiento eficaz que responda a las necesidades particulares de cada alumno. Por lo tanto, el momento para que el alumno trabaje en el *Cuaderno* dependerá del grado de madurez del educando.

Esta Serie no pretende reemplazar los libros de lectura que usan el estudiante y el maestro, sino que servirá como un auxiliar para articular la enseñanza de la gramática con la lectura y demás artes del lenguaje, así como con otras áreas curriculares. La Serie espera, además, fortalecer la enseñanza del idioma vernáculo (español), para que de maner funcional, el estudiante adquiera unas destrezas lingüísticas con dominio pleno de su lengua oral y escrita.

Deseamos advertir al maestro que en la enseñanza de la gramática no deberá exigirse, bajo ningún concepto, la memorización de reglas. Ya la palabra funcional así lo indica. La función es, pues, el papel que desempeña un elemento en la estructura gramatical de un enunciado. Por lo tanto, el alumno, por medio del análisis de diferentes contenidos lingüísticos irá descubriendo, analizando las relaciones de las estructuras gramaticales.

Conviene señalar que en este trabajo hemos tenido presente el enriquecimiento del vocabulario del alumno. En consecuencia, el profesor introducirá siempre cualquier vocablo nuevo para el estudiante dentro de un contexto lingüístico.

En la redacción y selección de los contenidos lingüísticos hemos incluido materiales concernientes a otras áreas del currículo. Ello facilitará al maestro la articulación del español con las mismas. Asimismo, se incluyen puntos referentes a todos los aspectos del lenguaje, ya que el profesor ha de tener presente esta relación constante. Como puede notarse, la secuencia y la profundidad son unas constantes de este trabajo.

El maestro estará muy atento a las instrucciones que se ofrecen en el *Cuaderno del estudiante* para clarificar cualquier duda del educando. En ocasiones, deberá completar las instrucciones que se ofrecen, ya que hemos evitado preparar directrices muy complicadas o extensas para la clarificación de valores y para el desarrollo de unas actitudes óptimas.

Esperamos que esta *Guía* sea de mucha ayuda al maestro, porque así podrá comprender, en forma sencilla, la moderna gramática estructural. Esta *Guía* no pretende ser un tratado más de gramática, sino más bien un trabajo de orientación dirigida.

En ella se ofrecen, además, variados ejercicios para que sus estilos de enseñanza puedan enriquecerse y ampliarse. Nuestra meta inmediata es contribuir a un mejor dominio del lenguaje y a un proceso de enseñanza y aprendizaje que se efectúe con seguridad, variedad, confianza y fe en la labor realizada.

Con esta Serie se preparó una *Gramática*. El fin es clarificar cualquier duda del maestro y darle seguridad en el manejo de la lengua. Por lo tanto, le recomendamos que la use como libro de consulta constantemente. En ella encontrará explicaciones y ejemplos que harán su labor más satisfactoria.

# I. LA ORACIÓN Y LOS ELEMENTOS
# QUE LA CONSTITUYEN

La oración, sintácticamente es una unidad lingüística dotada de significación; es independiente, o sea, no pertenece a otra unidad lingüística superior. Semánticamente la oración expresa un sentido completo. Es una unidad de comunicación, porque nos transmite un mensaje.

*Ejemplo*:

*Los excursionistas llegaron a las pirámides de Egipto.*

La palabra, por su parte, para que tenga un significado preciso tiene que estar en una oración.

Las proposiciones no son oraciones, porque forman parte de una unidad mayor: la oración. Las proposiciones tienen forma oracional. Se diferencian de la oración en que no tienen independencia sintáctica. (Para más información, véase el capítulo II de la *Gramática del maestro*.)

*Ejemplo*:

*Mi papá leía el periódico,/*
           prop.
*mis hermanos estudiaban /*
           prop.
*y / yo jugaba.*
           prop.

Esta oración tiene tres proposiciones:

a) *Mi papá leía el periódico*
b) *mis hermanos estudiaban*
c) *yo jugaba.*

Estas proposiciones se pueden convertir en oraciones:

*Mi papá leía el periódico.*
*Mis hermanos estudiaban.*
*Yo jugaba.*

El estudiante del Nivel 4 se inició en el desarrollo de unas destrezas gramaticales que continuará desarrollando en forma sistemática. Las mismas aumentarán en complejidad. Los conceptos estudiados sobre la oración, la proposición y la palabra se amplían en este Nivel 4.

Es sumamente importante que antes de iniciar al estudiante en este Nivel, el profesor efectúe un buen. diagnóstico. Éste revelará al profesor dónde está cada estudiante y dónde ha de comenzar el maestro. La prueba diagnóstica deberá responder a las destrezas que se incluyen en los Niveles 1, 2 y 3.

La composición de oraciones constituye una buena base para una eficaz expresión oral y escrita. A partir de la oración se analizarán las partes hasta llegar a los elementos más sencillos de la misma.

En el estudio de este concepto se mantendrá y enriquecerá a los estudiantes en las destrezas de reconocimiento de las oraciones, proposiciones y palabras. Además, se ejercitarán en la construcción de oraciones y reconocerán cómo se distinguen las mismas. Se ofrecerá práctica en esta actividad y se aumentará la complejidad progresivamente.

Al reconocer la oración se puede ampliar su significación y enlazar las diferentes ideas que ellas expresan. Así los estudiantes podrán construir el párrafo que es un patrón más complejo.

La efectividad de los ejercicios y de las actividades que se sugieren dependen de la habilidad creadora del maestro al implementarlas. Esta *Guía del maestro* no será un patrón que se siga al pie de la letra. Tampoco es un tratado más de gramática; es una *Guía* para orientación del maestro, queda a su discreción el adaptarla a las necesidades particulares de su grupo e individuales de sus alumnos.

Se recomienda partir de los materiales disponibles del maestro, de los libros de texto del grupo, de las experiencias de los niños y de todo aquel material que el profesor considere apropiado para estimular el desarrollo de los diversos aspectos gramaticales que se incluyen.

El educador podrá iniciar el estudio de este aspecto gramatical con una conversación informal con los estudiantes en torno a la importancia de la comunicación y a la necesidad de que la expresión oral y escrita sea de la mejor calidad. Posibles preguntas que el profesor puede hacer:

¿Por qué algunas personas no pueden comunicar sus ideas fácilmente? ¿Cuál será el motivo de estas dificultades? ¿Crees que es importante comunicar nuestras ideas con seguridad y corrección? ¿Por qué?, etcétera.

Se podrán leer fragmentos literarios para repasar el concepto de oración, proposición y palabra. Se identificarán las oraciones y las proposiciones y se distinguirán las diferencias entre ambas. A continuación ofrecemos una selección corta (*Amanecer*) que puede servir para trabajar el aspecto oracional. Los estudiantes separarán las oraciones por medio de corchetes [ ]. Esta selección puede copiarse en la pizarra o puede presentarse en una hoja mimeografiada.

### AMANECER

La mancha blanca del alba se acentúa con claridad. El día naciente avanza. Surge la casa entre el follaje. Comienzan a vivir los naranjos. Una ligera brisa orea el campo. Se marcha el lucero de la mañana. Sentimos ante la nueva jornada, una opresión, un anhelo, una angustia que no podemos definir.

*AZORÍN*

También ofrecemos una selección (*Los viajes*) para que los alumnos trabajen las proposiciones. Los estudiantes separarán las proposiciones por medio de paréntesis ( ).

### LOS VIAJES

Actualmente contamos con diferentes medios de transportación; desde los más sencillos hasta los más rápidos y completos. Las conquistas del hombre, en este aspecto, han sido prodigiosas.

El avión cruza los espacios con máxima facilidad y no nos preocupan las grandes distancias. Los secretos de la ciencia son tan impredecibles que aún nos reservan nuevos prodigios en los proyectados viajes interplanetarios. Tanto es así que nos preguntamos: ¿Cuándo podré visitar el espacio? Confiamos en que este deseo se convierta en realidad y que disfrutemos nuestro viaje.

Se formularán oraciones que recojan las ideas expresadas por los niños. El profesor insistirá en el concepto de oración gramatical. El maestro no deberá olvidar señalar al estudiante que una oración puede constar de una sola palabra y que toda oración comienza con letra mayúscula y tiene una puntuación final. (Puede ser un punto, signos de exclamación o de interrogación.)

Ejemplos de algunas actividades que el maestro puede realizar:

- Completar oraciones con palabras o expresiones del vocabulario que los niños aprendan.
- Leer los diferentes significados de varias palabras y escribir oraciones con cada uno de ellos.
- Leer diferentes textos y separar las oraciones y proposiciones que los componen. (Separar la oración con corchetes y la proposición con paréntesis.)
- Distinguir las palabras, sílabas y letras que forman una oración.
- Escribir párrafos sobre diversos temas de interés para los estudiantes.

Las diferentes actividades pueden realizarse oralmente y en grupo hasta llevar al estudiante a trabajar individualmente en el *Cuaderno del estudiante.*

Si hay alumnos que por sus características individuales y diferente ritmo de trabajo no logran alcanzar el rendimiento que el profesor espera, se les ofrecerán otros ejercicios similares a los del *Cuaderno,* provistos por el maestro.

El maestro deberá recordar que la reflexión gramatical debe partir del uso diario de la lengua, en todo momento de manera práctica y funcional.

## II. LA ESTRUCTURA DE LA ORACIÓN:
## SUJETO Y PREDICADO

Para iniciar el estudio de este aspecto gramatical, el maestro podrá motivar a los estudiantes mediante la presentación de láminas para que ellos expresen opiniones y hablen sobre las mismas. Se podrá también leer un trozo literario apropiado para el nivel, para generar la discusión oral. El maestro podrá usar las selecciones que él considere necesarias y dirigirá a los educandos a través de preguntas. Ofrecemos a continuación una selección que el maestro puede utilizar para identificar el sujeto y el predicado:

LA GRANJA

Arturo y Rita van a dar los buenos días a los animales. Algunos están fuera del establo. Otros, como los bueyes, las vacas y los terneros se encuentran descansando.

En el corral, el gallo se pasea orgullosamente en medio de las gallinas. Los patos nadan en la charca. Los pavos van y vienen lentamente. Asegurados, los pájaros aguardan la ocasión de emprender el vuelo. En un rincón de la granja, los conejos muestran graciosamente su nariz. Mientras, Leal, el fiel guardián de la finca, ladra y llama a sus amigos con los que quiere jugar.

Se analizarán las oraciones para considerar la función del sujeto y la del predicado. El sujeto, semánticamente, es aquello de quien se afirma o niega algo. Funcionalmente, es el componente o constituyente inmediato de una oración bimembre, que no es el predicado. Estos conceptos se presentarán en forma práctica, funcional. (La función es la relación que establece un término lingüístico con respecto a los demás.)

Una vez que el alumno reconozca los dos grupos que forman la oración: sujeto y predicado, el maestro centrará la atención hacia el sujeto. A través de las oraciones se verá el grupo de palabras que forman el sujeto. El profesor ofrecerá al estudiante la oportunidad de identificar el sujeto, en diferentes contextos lingüísticos. Recordará el maestro que el sujeto puede estar al principio, en el medio o al final de la oración. También puede omitirse (sujeto tácito o elíptico).

Puntos a considerar al estudiar el sujeto:

a) palabras que pueden sustituir al sujeto;
b) posición del sujeto;
c) sujeto simple, compuesto u omitido (tácito);
ch) núcleo del sujeto;
d) complementos que precisan la significación del sujeto.

El maestro deberá tener siempre presente que el ritmo de aprendizaje de sus estudiantes varía y unos realizan sus trabajos en menos tiempo que otros. Tendrá, entonces, que preparar ejercicios adicionales para los alumnos cuyo ritmo de aprendizaje sea más lento. Esto lo determinará por el diagnóstico continuo que efectúe.

Actividades que pueden realizarse:

• Identificar el sujeto en diferentes oraciones.
• Señalar el núcleo del sujeto.
• Añadir otras palabras al núcleo del sujeto para precisar su significación.
• Escribir oraciones originales y subrayar el sujeto.
• Cambiar la posición del sujeto dentro de la oración.
• Distinguir en oraciones dadas cuándo se omite el sujeto.
• Notar la concordancia entre el sujeto y el verbo.
• Escribir oraciones con diferentes grupos de sujetos.
• Formar oraciones en las que un sujeto sirva para varios predicados.
• Distinguir cuándo el sujeto es simple o compuesto.

*Ejemplo de un sujeto simple:*

*Esa cartera* / *te queda muy bien.*
S. simple              Predicado

*Ejemplo de un sujeto compuesto:*

*Esa cartera y esos zapatos* / *te quedan muy bien.*
S. compuesto              Predicado

Los alumnos realizarán los ejercicios del *Cuaderno del estudiante*. El maestro determinará por medio del diagnóstico y la observación si tiene aún que ofrecer más práctica en este aspecto gramatical. No se puede poner límite de tiempo a las actividades y a los ejercicios que se realicen. Ello dependerá del grado de madurez de los estudiantes.

Una vez que el estudiante tenga bastante dominio de la significación del concepto gramatical sujeto, el maestro procederá a trabajar con el predicado en forma similar. Semánticamente, el predicado es lo que se dice del sujeto. Funcionalmente, es el componente o constituyente inmediato de una oración bimembre, que no es el sujeto.

Aspectos que se tomarán en consideración al analizar el predicado:

a) posición del predicado (variable);

b) núcleo del predicado (en el verbal: un verbo; en el nominal: un sustantivo, un adjetivo o un adverbio);

c) modificadores del predicado (objetos y complementos);

ch) distinción entre predicado verbal y predicado nominal.

Se pondrá cuidado especial en que el estudiante distinga entre el predicado verbal y el predicado nominal. Para ello se les indicará que el predicado verbal está formado por un verbo cualquiera que no sean *ser* y *estar*. *Ejemplos*:

*Arturo / oyó el canto de los pájaros.*
P. verbal

*Los niños / corren en el parque.*
P. verbal

y que el predicado nominal está formado por los verbos *ser* y *estar* (éstos serán los dos verbos predicativos que enseñaremos en este Nivel). *Ejemplos*:

*Ese pájaro / es un ruiseñor.*
P. nominal

*Los dulces / están sabrosos.*
P. nominal

Para más información sobre el predicado verbal y nominal, vea el capítulo III de la *Gramática del maestro*.

e) predicado simple (un núcleo verbal) y compuesto (más de un núcleo verbal).

*Ejemplo de un predicado simple:*

<u>El jinete</u> / <u>se cayó del caballo.</u>
Sujeto            P. simple

*Ejemplo de un predicado compuesto:*

<u>El jinete</u> / <u>se cayó del caballo y se lastimó la pierna.</u>
Sujeto                 P. compuesto

Se insistirá una vez más en el reconocimiento de la estructura de la oración exclusivamente a base de ejercicios y de una manera funcional y práctica. El maestro deberá tener siempre presente que es necesario articular la enseñanza gramatical con la lectura o con la obra literaria. La gramática no se enseña aisladamente.

Actividades que pueden realizarse:

1. Separar el sujeto del predicado.
2. Subrayar el núcleo del predicado.
3. Clasificar los sujetos y predicados en simples y compuestos.
4. Subrayar el predicado e indicar si es verbal o nominal.
5. Identificar los modificadores del núcleo del predicado.
6. Buscar en oraciones en las que el sujeto y el predicado ocupen diferentes posiciones.

Luego los estudiantes trabajarán los ejercicios del *Cuaderno del estudiante*.

Después que el maestro ofrezca práctica suficiente en dichos aspectos sobre la estructura de la oración, evaluará para determinar quiénes no tienen aún el concepto claro. Una vez que los alumnos dominen los conceptos gramaticales sujeto y predicado pasarán a diferenciar las oraciones *unimembres* de las *bimembres*. La oración unimembre expresa una comunicación completa, pero no puede dividirse en sujeto y predicado.

*Ejemplos*:

*Llueve.*

*¡Auxilio!*

La oración bimembre se compone de dos partes: sujeto y predicado.

*Ejemplo*:

<u>El joven</u> / <u>llevaba una vida tranquila.</u>
Sujeto          Predicado

Se analizarán diferentes oraciones para que los alumnos puedan notar la diferencia entre la oración unimembre y la oración bimembre.

Además, se introducirá la diferencia entre la oración simple y la oración compuesta. La oración simple consta de un solo sujeto y un solo predicado.

*Ejemplo*:

<u>Mi padre</u> / <u>es buen cazador.</u>
Sujeto          Predicado

En una oración simple el sujeto puede omitirse (sujeto tácito).

*Ejemplo*:

(Ella) *Es muy hermosa.*

(Él) *Recorrió todo el jardín.*

La oración compuesta puede constar de un sujeto y dos predicados o de dos sujetos y varios predicados. *Ejemplos de oraciones compuestas*:

<u>El estudiante</u> / <u>lee</u> / y / <u>escribe perfectamente.</u>
1 sujeto          2 predicados

<u>Aunque llueva,</u> / <u>iremos a pescar</u> / y / <u>a divertirnos.</u>
1 predicado          2 predicados (sujeto tácito)

     2 sujetos
<u>Mientras el papá</u> /<u>lee,</u> /<u>la mamá</u> /<u>cocina.</u>
         2 predicados

Se realizarán diferentes ejercicios para ofrecer práctica y dar mantenimiento en el reconocimiento de las oraciones simples y compuestas.

Se recomienda que el profesor evalúe continuamente para determinar el aprovechamiento de los alumnos en términos de la adquisición de las destrezas y los conceptos. Los resultados que las pruebas reflejen orientarán la enseñanza y determinarán si ha de reenseñarse.

# III. CLASES DE ORACIONES POR SU SIGNIFICACIÓN

Las oraciones según su significación se dividen en cuatro grupos, a saber:

1. **ENUNCIATIVAS** o **ASEVERATIVAS**: las que nos expresan algo; algunas afirman, otras niegan.

*Ejemplos:*

*El jardinero abonó el terreno.*
*Las frutas no están maduras.*

Las oraciones enunciativas pueden ser exclamativas.

*Ejemplo:*

*¡Qué alegría siento!*

2. **INTERROGATIVAS**: las que preguntan; pueden ser directas o indirectas.
   Las interrogativas directas se escriben entre signos de interrogación.

*Ejemplo:*

*¿Dónde están las rosas?*

Las interrogativas indirectas no se escriben entre signos de interrogación, pero siempre tienen una palabra interrogativa (*qué, quién, cuándo, dónde,* etc.).

*Ejemplo:*

*Quisiera saber quién me trajo ese regalo.*

La oración interrogativa puede convertirse en exclamativa; ello dependerá de la actitud del hablante, de su significación.

*Ejemplo:*

*¡Cuándo vendrá!*

3. **IMPERATIVAS** o **EXHORTATIVAS**: expresan una orden o un ruego
   *Ejemplos:*

   *Cállense.*
   *Por favor, cierren esa ventana.*

4. **DESIDERATIVAS**: expresan un deseo del hablante.
   *Ejemplos:*

   *Ojalá pueda ir al viaje.*
   *¡Dios te bendiga!*

5. **DUBITATIVAS**: expresan duda.
   *Ejemplos:*

   *Quizá regrese pronto.*
   *Tal vez venga el sábado.*

Para muchos estudiosos de la lengua, la oración exclamativa no constituye una clase de oración, sino que toda oración puede ser exclamativa, lo cual dependerá de la expresión e intención del hablante. Si el maestro cree conveniente enseñarla como una clase aparte, puede hacerlo.

El maestro puede iniciar el estudio del tema presentando a los estudiantes una serie de láminas (ejemplo: láminas sobre paisajes de Puerto Rico). Los alumnos expresarán oralmente o por escrito lo que observan y lo que sienten ante lo ilustrado. El maestro llamará la atención hacia el uso de las mayúsculas al comenzar a escribir una oración.

El profesor invitará a los estudiantes a que lean las oraciones. Se analizará cada oración a la luz de la intención que se expresa en cada una. Se subrayarán todas las oraciones que expresen algo. Se guiará a los alumnos a generalizar que estas oraciones que nos expresan algo de forma afirmativa o negativa, se llaman enunciativas. Los alumnos podrán leer diferentes trozos literarios para buscar oraciones enunciativas.

Otras posibles actividades que pueden realizarse:

• Reconocer oraciones afirmativas y negativas.

- Escribir oraciones enunciativas.
- Buscar oraciones enunciativas en diferentes textos, etc.

El maestro ofrecerá suficiente práctica hasta que los estudiantes distingan el contenido de las oraciones enunciativas y determinen cuál es la intención del hablante. Los estudiantes, además, trabajarán los ejercicios del *Cuaderno del estudiante*.

El profesor utilizará los materiales y libros de texto del nivel, las experiencias de los niños y todo aquello que él considere apropiado para mantener las destrezas de reconocimiento y uso de las diferentes clases de oraciones.

A continuación presentamos un cuento que el maestro puede utilizar:

### EL HAZ DE VARAS

Don Felipe estaba muy preocupado. Todos los días veía discutir a sus tres hijos.

—¿Quién llevará esta carga de frutas al mercado?

—Lo haré yo —decía uno de los hijos.

—¿Estás seguro que serás tú? Tal vez sea yo —desafiaba el segundo de los hermanos.

—Cállense los dos —dijo el tercero y añadió—: no la llevarán ni Juan ni Pedro, sino yo que soy el mayor.

Tanto duró la pelea entre los hermanos que las frutas se pudrieron en el campo sin que ninguno las llevara al mercado.

Para un papá es muy desagradable ver a sus hijos pelearse como perros y gatos. Y pensaba: «Ojalá tuviera unos hijos bien llevados.» Como estaba cansado de oírlos discutir siempre, un día los llamó y les dijo:

—Aquí tienen este haz de varas. Vamos a ver quién puede romperlas todas juntas.

Cada uno de los hijos de don Felipe cogió el haz de varas y por más fuerza que hizo le fue imposible romperlo.

—¡No podemos! —gritaron los tres a coro.

Entonces don Felipe desató el haz de varas y se las dio una a una a cada hijo. Al final todas las varas fueron rotas con facilidad y sin esfuerzo.

Para que aprendiesen la lección, don Felipe les dijo:

—«Reino dividido, reino vencido.»

*LEÓN TOLSTOI*
*(Adaptación)*

Después de leer y discutir el cuento, los estudiantes seleccionarán y clasificarán las distintas clases de oraciones que aparezcan en él.

Actividades que pueden realizarse una vez que se han enseñado todas las clases de oraciones:

- Analizar series de oraciones para clasificarlas por su significación.
- Lectura de trozos literarios para señalar la construcción de las oraciones y clasificarlas por su sentido.
- Escribir ejemplos de oraciones originales donde: narren, pregunten, deseen algo, formulen una orden o expresen una duda.
- Los estudiantes reconocerán la finalidad con que se expresa cada clase de oración.

Una vez los estudiantes trabajen los ejercicios del *Cuaderno del estudiante*, el maestro preparará otros ejercicios similares para aquellos estudiantes que lo necesiten. El maestro no debe olvidar las diferencias individuales de sus alumnos y dará a cada cual la oportunidad adecuada.

Insistimos en que la actitud del hablante es el factor principal para hacer la clasificación de las oraciones.

# IV. EL SUSTANTIVO: SIGNIFICACIÓN Y FUNCIÓN

El sustantivo es una de las partes fundamentales de la oración que puede realizar la función del sujeto. Sintácticamente es el núcleo del sujeto o sintagma nominal. Desde el punto de vista semántico, el sustantivo es la palabra con la que designamos los objetos pensándolos como conceptos independientes. Además, puede realizar otras funciones.

El sustantivo se clasifica como sigue:

1. **COMUNES**: nombran las cosas e indican sus características.
   *Ejemplos*:

   *casa - pluma*

2. **PROPIOS**: nombran las cosas pero no indican sus características.
   *Ejemplos*:

   *Puerto Rico - Julia*

3. **INDIVIDUALES**: indican en singular una unidad y en plural un conjunto de cosas.
   *Ejemplos*:

   *gato - gatos*
   s.        p.
   *planta - plantas*
   s.             p.

4. **COLECTIVOS**: expresan en singular un conjunto de cosas de la misma clase.
   *Ejemplos*:

   *manada - ganado*

El sustantivo tiene morfemas de número y algunas veces de género.

El concepto del sustantivo ya ha sido adquirido por los alumnos en los niveles anteriores. Volvemos a insistir en que el maestro evalúe y diagnostique las dificultades de los alumnos para que les ofrezca la ayuda oportuna y necesaria.

La introducción de estos conceptos necesarios para el uso correcto de la lengua se logra a través de actividades y ejercicios variados con el propósito de que los alumnos lleguen a las conclusiones.

En el tratamiento del sustantivo, los conceptos son los mismos de los niveles anteriores, la diferencia está en la complejidad. Gradualmente, según los estudiantes adquieran experiencia y madurez se ampliarán los conceptos. Presentamos a continuación una selección de Pedro A. de Alarcón para que los niños señalen los sustantivos:

### DESCRIPCIÓN DE UNA ESTANCIA

La estancia que apareció a la vista del joven era tan modesta como agradable. Cuatro sillas, un escritorio y un bufete componían su mueblaje.

Cerca del escritorio había una ventana, a través de cuyos cristales verdegueaban algunas macetas o plantas y entraban los rayos horizontales del sol. Dos cortinas cubrían la puerta de la alcoba. Encima del escritorio había un portalibros de ébano y marfil, muchos libros, varios objetos y un florero con flores.

El maestro deberá ofrecer ejercicios frecuentes e interesantes de los conceptos enseñados, para asegurar el aprendizaje. Esta práctica debería estar suficientemente motivada y siempre en forma funcional. El mantenimiento y la fijación de lo aprendido debe ser continuo.

El profesor aprovechará la oportunidad para recordar lo que los alumnos aprendieron sobre el sujeto, el núcleo del sujeto y la función del sustantivo en la oración. El maestro puede presentar objetos, animales, personas en vivo, en láminas, diapositivas o lo que el maestro considere apropiado a la situación. El profesor motivará una conversación sobre lo que presente; ésta deberá ser espontánea y dinámica. El profesor dirigirá a los niños en la conversación sin coartarles la libre expresión. Los alumnos redactarán oraciones sobre lo que observen. Las mismas se escribirán en la pizarra. Los estudiantes subrayarán el sujeto en cada oración. (Utilice tiza de color.) Se leerán todos los sujetos y luego se señalará el núcleo de cada sujeto.

*Ejemplos* de oraciones que pueden surgir:

*El jardinero cuida el jardín.*
*El hombre es muy estudioso.*
*Los niños elevan las chiringas.*
*Las chiringas se elevan muy alto.*
*El venadito se acerca a los cazadores.*
*El río está agitado.*

Luego, se procederá a analizar cada núcleo.

¿A quién se designa con la palabra *jardinero?* ¿Con *hombre?* ¿Con *niños?* ¿Con *chiringas?*, etcétera.

¿Qué hacen esas palabras? El profesor o algún estudiante recordará a los demás alumnos que estas palabras que funcionan como núcleo del sujeto son un sustantivo o nombre. Éstas se refieren a personas, animales o cosas.

Se harán tres listas para que los niños escriban sustantivos, que se refieran a personas, animales o cosas.

*Ejemplos:*

| Animales | Personas | Cosas |
|---|---|---|
| *perro* | *maestro* | *agua* |
| *lobo* | *madre* | *libros* |
| *cotorra* | *lechero* | *tizas* |

El maestro inducirá a los estudiantes para que expliquen qué es un sustantivo común y su función en la oración. (El sustantivo común comprende los sustantivos que no expresan rasgos diferenciadores de los objetos que denominan, sino que los agrupan por sus características no distintivas.)

Se recomienda que el maestro estudie detenidamente los ejercicios del *Cuaderno del estudiante* y determine el momento del uso de cada uno de los mismos para que los alumnos obtengan la mayor utilidad y el mejor provecho de ellos.

El maestro evaluará progresiva y continuamente la labor que realizan los estudiantes, así como la efectividad en el uso del *Cuaderno*. El manejo del mismo tendrá una flexibilidad tal que permita al profesor ajustar cada ejercicio de acuerdo con el propósito u objetivo de la clase, así como la situación particular de aprendizaje de cada niño.

Durante el estudio del sustantivo el maestro atenderá los siguientes aspectos:

— El **GENTILICIO** como sustantivo común:

*puertorriqueño - español,* etcétera.

El maestro puede partir de los nombres de pueblos, ciudades, naciones, etc., para que los niños formen los gentilicios correspondientes.

— Los sustantivos se modifican cuando se les añade un prefijo o un sufijo:

*rey - virrey*
*ayuno - desayuno*
*yodo - yoduro*

— Los sustantivos pueden ser **DERIVADOS**:

*perro - perrera*
*casa - casona*

— Hay sustantivos **COMPUESTOS** que se forman de dos partes, o sea, están formados por más de un lexema:

<u>*para*/*caídas,*</u>        *corta/plumas,  mari/posa*
lex.   lex.

— Hay verbos que al añadírsele un sufijo se convierten en sustantivos:

*anda - andador*

— Hay sustantivos **COLECTIVOS**. Se hará ver a los alumnos que hay nombres que estando en singular designan a varias cosas o seres, forman una unidad:

*enjambre - ejército - bosque - rebaño*

118

— Hay sustantivos **ABSTRACTOS**. Los sustantivos abstractos se refieren a cualidades que no pueden percibirse por los sentidos. Existen sólo en nuestra mente:

*amistad - bondad - felicidad*

— Hay sustantivos que carecen de un género gramatical fijo:

*el calor - la calor*

El profesor presentará párrafos, oraciones, situaciones reales, etc., para inducir a los estudiantes a distinguir y definir los sustantivos propios. Los nombres propios individualizan, señalan las características distintivas, al contrario de los comunes. Se recordará el uso de la letra mayúscula en los nombres propios.

Debemos recordar que cada niño aprende a su propio ritmo y que, por ello, el maestro tendrá en su grupo alumnos que se encuentren en diversas etapas de aprendizaje. Esto significa que unos estudiantes podrán aligerar su trabajo más que otros. Ello demanda que haya una variedad de actividades y unos diversos ejercicios, con los cuales se pueda atender cada situación particular.

# V. EL PRONOMBRE SEGÚN SU FUNCIÓN

Semánticamente el pronombre es sustituto del nombre o hace referencia a nombres presentes o ausentes, antecedentes o consecuentes, sustituyéndolos, anunciándolos o señalándolos. Sintácticamente, podemos decir que el pronombre realiza en la oración las mismas funciones del sustantivo. El pronombre sustituye al sintagma nominal.

*Ejemplos*:

*El joven pastor cuida sus ovejas con amor.*
*Él cuida sus ovejas con amor.*

Nótese que *él* sustituye todo el sintagma nominal, o sea, *el joven pastor*. En estos términos podemos hablar de pronombres.

El profesor utilizará el procedimiento y material que considere apropiado al nivel para atender este aspecto gramatical. Se realizarán ejercicios variados de sustitución de nombres propios o sustitución del sintagma nominal y formación de oraciones en las que se usen diferentes pronombres, así se introducirá el concepto de forma funcional.

En este Nivel 4, además de los PRONOMBRES PERSONALES, se estudiarán los siguientes:

1. **PRONOMBRES DEMOSTRATIVOS:** *éste, ése, aquél*

2. **POSESIVOS:** *mío (a), tuyo (al, suyo (a).*

3. **INTERROGATIVOS:** *¿qué trajiste?; ¿quién regresó?; ¿cuál se llevó?; no sé* **qué** *hizo; sabrás* **quién** *lo hizo; le diré* **cuál** *me dio.*

4. **INDEFINIDOS:** *alguien, cualquiera, nadie, etc.*

Se insiste en que la adquisición de los conceptos gramaticales debe fundamentarse en la práctica de ejercicios variados. Además de las actividades y los ejercicios que se sugieren, que sirven de guía al profesor, es el maestro el que determinará y seleccionará los que más convengan a sus estudiantes. Las siguientes selecciones podrán usarse para dar mantenimiento en la destreza del uso y reconocimiento del pronombre.

### EL PAVO REAL

El pavo real estaba triste porque no tenía un canto armonioso como el del ruiseñor. Él se quejaba al león:

—La voz de ese pájaro —decía— gusta a todos los que la oyen; la mía, al contrario, provoca solamente burla.

El león lo escuchó atentamente. Entonces, él le respondió:

—¿Es el canto del ruiseñor igual al tuyo? Cada uno tiene lo suyo. Lo tuyo es la belleza de las plumas; en cuanto a la jirafa, ella tiene también la suya: su cuello esbelto; el águila, su vuelo majestuoso. Nadie, pues, debe envidiar lo que nunca se le dio.

### EL MAR

Las olas se agitan por momentos. Algunas alcanzan gran altura. Ellas hicieron naufragar el barco. Los marineros más valientes fueron aquellos que confiaron en Dios. Ellos demostraron fe. Los hombres de la tripulación reflejaban una terrible angustia en sus rostros. Ellos lograron ponerse a salvo. Ninguno pereció. Cuando llegaron a la ciudad sus esposas, que habían venido al puerto, les abrazaban. Ellos estaban felices de verlas de nuevo. ¡Y cómo se sentían sus hijos! El hijo de uno de ellos se le acercó con emoción. Él se sentía orgulloso de tener un padre valiente. ¡Quién no se hubiese sentido igual!

No es oportuno que en este Nivel se haga diferenciación alguna entre los pronombres personales tradicionales (*yo, tú, él, ella, nosotros, vosotros, ellos*). Hay gramáticos que excluyen *yo* y *tú* de los pronombres, pero esto no se tendrá en cuenta en estos niveles.

# VI. EL ARTÍCULO

En la gramática estructuralista, el artículo es un determinante. Siempre se antepone a un nombre. Éste le da una característica particular que lo diferencia de los otros determinantes, porque no puede utilizarse en cualquier situación, sino sólo cuando el objeto ya está determinado, o sea, cuando el que habla y el que escucha saben de qué se habla. El artículo señala a qué persona, animal o cosa nos referimos, si es conocida o no.

En este Nivel 4 se volverá a insistir en los siguientes artículos: *el, los, la, las.*

En la gramática estructuralista *un, una, unos* y *unas* no se consideran artículos. (*Un, una,* son determinantes numerales, y *unos, unas* son determinantes indefinidos.)

Entre el artículo y el nombre tiene que haber concordancia, es decir, que concuerden en género y número:

*el rocío, **la** carpeta,*
*los árboles, **las plumas***

El profesor elegirá cuidadosamente para la enseñanza del artículo poemas, adivinanzas u oraciones, etc. El siguiente poema podrá usarse para el reconocimiento del artículo.

### LA CIGARRA Y LA HORMIGA

Cantando *la* cigarra
pasó *el* verano entero,
sin hacer provisiones
allá por *el* invierno.
*Los* fríos *la* obligaron
a guardar *el* silencio
y a acogerse al abrigo
de su estrecho aposento.
Vióse desproveída
del precioso sustento,
sin mosca, sin gusano,

sin trigo y sin centeno.
Habitaba *la* hormiga
allí tabique en medio,
y, con mil expresiones
de atención y respeto,
le dijo: «Doña Hormiga,
pues que en vuestros graneros
sobran *las* provisiones
para vuestro alimento,
prestad alguna cosa
con que viva este invierno
esta triste cigarra
que, alegre en otro tiempo
nunca conoció *el* daño,
nunca supo temerlo.
No dudéis en prestarme,
que fielmente prometo
pagaros con ganancias,
por *el* nombre que tengo».
*La* codiciosa hormiga
respondió con denuedo
ocultando a *la* espalda
*las* llaves del granero:
— «¡Yo prestar lo que gano
con un trabajo inmenso!
Dime, pues, holgazana,
¿qué has hecho en *el* buen tiempo?»
— «Yo, dijo *la* cigarra,
a todo pasajero
cantaba alegremente
sin cesar ni un momento».
— «Hola: ¿Con que cantabas
cuando yo andaba al remo?
Pues ahora que yo como,
baila, pese a tu cuerpo».

*F. M. SAMANIEGO*

El maestro presentará dentro del contexto lingüístico cualquier palabra que pueda resultar difícil para los estudiantes.

Una vez que se lea la fábula y se discuta el contenido de la misma, se subrayarán los sustantivos. Después el profesor procederá a llamar la atención hacia las palabras que se anteponen a los sustantivos.

¿Cuál es su función? Actúan como modificadores del sustantivo. Se subrayarán los artículos que aparecen en la fábula.

Fíjese el maestro que en el primer verso de la segunda estrofa aparece *la* frente al verbo *obligaron*. Aquí *la* tiene función de pronombre átono.

El artículo siempre va antes del sustantivo común.

El profesor ofrecerá diferentes ejercicios para que los alumnos señalen y usen los artículos.

El educador podrá utilizar selecciones de los libros de texto o cualquier otro material que él considere adecuado para atender las necesidades particulares de cada estudiante.

Los alumnos trabajarán en el *Cuaderno del estudiante*. El maestro ofrecerá ayuda individual a los estudiantes que la necesiten.

Es importante señalar que la enseñanza de todos estos aspectos del lenguaje debe armonizarse en todo momento. Así el alumno comprenderá cómo el conocimiento de la lengua le ayuda a comprender mejor la obra literaria y todas las demás disciplinas curriculares.

# VII. EL ADJETIVO

El adjetivo tiene dos funciones principales: MODIFICADOR DEL SUSTANTIVO y ATRIBUTO.

*Ejemplos*:

El *cielo* se cubrió de nubes <u>blancas.</u>
                             Adj. modif.
                             del sust.

El *cielo* es <u>inmenso.</u>
                Atrib.

Es fundamental que el adjetivo siempre se refiera o tenga que ver con el nombre. Siempre expresa un concepto que depende de otro. Por ejemplo: si decimos *bello, lo* pensamos como un concepto que depende de algún objeto. ¿Qué es lo bello?

El adjetivo tiene morfemas de número y/o de género para su concordancia con el sustantivo. No todos presentan variaciones de género.

## 1. EL GÉNERO

a) La mayoría tiene dos formas:

*niño alto - niña alta*
*traje blanco - tela blanca*

Si el nombre es masculino, el adjetivo está en masculino y si el nombre es femenino, el adjetivo está en femenino.

b) Puede tener una forma. El nombre puede estar en masculino o femenino y el adjetivo no varía.

*cielo **azul** - blusa **azul***
*niño **feliz**- niña **feliz***

## 2. EL NÚMERO

Se expresa con una variación en la terminación. El número plural se forma añadiendo *-s* o *-es* al singular.

*gracioso - graciosos*
*feliz - felices*

## 3. EL GRADO

Los adjetivos expresan cualidades de las cosas, los mismos pueden darse en diferentes cantidades o grados. Poseen diferentes grados de significación. El adjetivo cambia de terminación y nos señala que la cualidad llega a un alto grado: el *SUPERLATIVO*:

*bello - bellísimo*

El *COMPARATIVO* indica comparación:

*Juan es **más alto** que yo.* (SUPERIORIDAD)
*Pedro es **tan alto** como yo.* (IGUALDAD)
*Antonia es **menos** alta que yo.* (INFERIORIDAD)

El maestro podrá utilizar diferentes objetos (bolas, lápices, flores, floreros, zapatos, etc.). Invitará a los estudiantes a jugar. Repartirá los objetos entre los estudiantes o podrá ir presentándolos uno a uno. Cada vez que un estudiante presente un objeto, otros estudiantes lo describirán. Los alumnos dirán el color, el tamaño, la forma, etc. Estas actividades de expresión oral son de gran importancia para los educandos. Las oraciones que los estudiantes redacten se escribirán en la pizarra. Se procederá a leer todas las oraciones y se subrayarán los adjetivos. El profesor presentará poemas, adivinanzas o cualquier otro trozo literario para que los estudiantes señalen las funciones del adjetivo. Nótese que al revés de los sustantivos, el adjetivo no admite artículo (salvo para sustantivarlo), ni posesivo ni ningún otro pronominal.

A través de las diferentes actividades y de los diversos ejercicios que el maestro provea, los alumnos señalarán el adjetivo en diferentes fragmentos literarios. Los estudiantes notarán la concordancia entre el determinante, el sustantivo y el adjetivo. A continuación, ofrecemos un ejemplo de una selección que el maestro puede utilizar.

### LOS CAMPOS

Los campos son hermosos. ¡Qué bello aquel valle, por donde corren las aguas de un riachuelo cristalino! Las altas cumbres de los montes se divisan a lo lejos, enmarcan un paisaje delicioso. Al atardecer, el sol dora sus picachos erguidos. La espesa arboleda ofrece su frescura. Las mieses prestan una nota variada en las tierras fecundas de la llanura. Mi ilusión es contemplar estos campos al llegar los días bellos de la primavera.

Recomendamos que el maestro, además de tratar el aspecto lingüístico que hemos señalado sobre el adjetivo, advierta al estudiante para que observe que la posición del adjetivo puede estar antepuesta o pospuesta.

Una vez los estudiantes realicen los ejercicios del *Cuaderno del estudiante*, el profesor ofrecerá otros ejercicios de práctica si es necesario. Se vuelve a insistir en la necesidad de que todo aspecto gramatical se enseñe en forma funcional. En la enseñanza del adjetivo, los conceptos son los mismos del nivel anterior, pero se le añade la función de atributo. La diferencia está en la complejidad de los contenidos lingüísticos.

Aspectos que se tomarán en cuenta al enseñar el adjetivo:

— Adjetivos **CALIFICATIVOS**: los que indican cualidades de personas y cosas. *Ejemplos*:

*bueno, suave*

— Adjetivos que **SE DERIVAN DE SUSTANTIVOS**. *Ejemplos*:

*amistoso* de *amistad*
*rencoroso* de *rencor*

— Adjetivos que **SE DERIVAN DE VERBOS**. *Ejemplos*:

*bailador* de *bailar*
*corredor* de *correr*

— El **SUPERLATIVO** (grado de significación). *Ejemplos*:

*muy bueno - buenísimo*

— Adjetivos **COMPUESTOS**. *Ejemplos*:

*semioscuro, agridulce*

— Adjetivos **APOCOPADOS**. *Ejemplos*:

*bueno - buen*
*grande - gran*

## VIII. EL VERBO: SIGNIFICADO
## Y FUNCIÓN

Sintácticamente el verbo es la palabra que, sola o unida a otras, funciona como núcleo del predicado verbal. Semánticamente, el verbo indica acción, proceso o estado. El verbo es una de las partes que varía en la oración. El mismo recibe las desinencias o morfemas de tiempo, modo, número, persona y aspecto. El TIEMPO indica el momento en que se ejecuta la acción. El MODO indica la intención del hablante en relación con la acción. El NÚMERO indica si la acción la realiza una persona o más de una. La PERSONA expresa si la acción la ejecuta la primera, la segunda o la tercera persona:

|              | *Singular* | *Plural*            |
|--------------|------------|---------------------|
| 1.ª *persona* | yo         | nosotros - nosotras |
| 2.ª *persona* | tú - usted | ustedes             |
| 3.ª *persona* | él - ella  | ellos - ellas       |

La VOZ indica si el sujeto realiza la acción (activa) o si la recibe (pasiva).
*Ejemplos*:

Voz activa: *El poeta **escribió** un poema jocoso.*
Voz pasiva: *El poema jocoso **fue escrito** por el poeta.*

(Para más información sobre el verbo, véase *Gramática del maestro.*)

Los alumnos, desde el nivel anterior, saben que el verbo es la palabra principal o núcleo del predicado o sintagma verbal.

El maestro podrá iniciar el estudio del verbo con un repaso del sujeto y del predicado. Podrá utilizar una selección conocida por los estudiantes o cualquier otro trozo literario para que ellos identifiquen el sujeto y el predicado. Después señalarán el núcleo del predicado. (Incluimos la selección *Jamaica*, que podrá utilizarse para esta actividad.)

### JAMAICA

Jamaica se aproxima en tamaño a Puerto Rico, pero difiere bastante en su forma, es un poco más ancha hacia el centro y más afinada hacia los extremos. El eje mayor de Jamaica se inclina ligeramente de noroeste a nordeste. Jamaica tiene un interior montañoso y llanuras junto a sus costas. La costa sur cuenta con los llanos más extensos. Esta isla posee montañas cuyas elevaciones son superiores a la Cordillera Central y a la Sierra de Luquillo de Puerto Rico. En Jamaica cae suficiente lluvia y ésta aumenta hacia la vertiente norte de la montaña.

El profesor enlazará la actividad anterior con otra en la cual dé a los alumnos instrucciones orales en las que los estudiantes tengan que ejecutar diferentes acciones. Podrá preguntar: ¿Qué hace Ramón? (Ramón salta). Cuando Ramón termine de saltar, el maestro preguntará: ¿Qué hizo Ramón? (Ramón saltó).

Note el maestro que siempre partimos de una situación concreta y usando unos contextos lingüísticos. Los estudiantes escribirán algunas oraciones en la pizarra. Luego, se procederá a leer las oraciones y a analizarlas. Después, los alumnos podrán redactar otras oraciones con otros verbos. Ya en este nivel se puede dirigir al estudiante a definir sintáctica y semánticamente el verbo. Además comprenderá que, funcionalmente, el verbo es la palabra que es el núcleo del predicado o *sintagma verbal*.

En este Nivel 4 los estudiantes estudiarán el infinitivo, el presente, el pasado y el futuro de los verbos. Los alumnos podrán completar oraciones con formas verbales adecuadas, identificar los verbos en diversas selecciones, en párrafos, en oraciones, etc. Es importante que, de manera funcional, el alumno capte qué es el verbo y su importancia en la oración gramatical. El maestro podrá, además, usar la selección *El patito feo*, que hemos adaptado, para que los educandos señalen los verbos en infinitivo, presente, pasado y futuro. (También podrán repasar otros aspectos gramaticales ya estudiados.)

## EL PATITO FEO

Los patitos salieron de los huevos incubados, dieron torpemente unos pasos por el corral y se zambulleron en las aguas del arroyo.

—¡Rap, rap! —gritan mientras nadan.

—¡Rap, rap! —contesta orgullosamente la madre.

—¿Están todos? —pregunta el pato desde la orilla.

—Falta uno, el del huevo grande. No acaba de salir. Ve hacia el nido a ver si sale de una vez.

Cuando el viejo pato llegó al nido, el patito rompió el cascarón del huevo.

El pato, al ver al patito, se llenó de extrañeza. El patito era diferente. Era grande, feo, no se parecía a los demás. Su piel de un color ceniciento, hacía contraste con la blancura de los demás.

El patito feo se convirtió en la víctima de todos. Lo picotean, lo martirizan, lo hacen objeto de toda clase de burlas.

La criada de la granja, cuando reparte la comida a las aves del corral, trata de que el pobre patito no pueda coger el más pequeño desperdicio. El pobre patito no pudo resistir el desprecio y huyó un día de la granja.

Unas veces voló, otras corrió y así llegó al bosque. Vio una bandada de patos silvestres que nadaban en un hermoso lago. El patito pasó unos días con ellos.

Luego fue a la cabaña de una pobre mujer, pero un gallo y una gallina lo molestaron y se marchó. Continuó su viaje. Llegaron los días fríos. El patito feo escondido entre unas plantas se alimenta de insectos. Sobre él volaron unas bandadas de cisnes blancos. El patito feo sintió una emoción al verlos. ¡Qué hermosas aquellas aves!

Durante el invierno, el patito pasó hambre y frío. Un labrador lo encontró y lo llevó a su casa. El pobre patito huyó de la casa perseguido por la dueña, que quiso pegarle.

Desde entonces, la vida del pobre patito fue muy triste. Se escondía en el bosque con hambre y sin cariño.

Llega la primavera... El bosque se llena de pájaros que cantan sin cesar. Pasan de nuevo las bandadas de cisnes. Nuevamente, el patito se emociona al verlos: «¡Si los pudiera seguir!» Pensó en su fealdad y temió que lo despreciaran. Continuó en su rincón a orillas de la charca.

Otra bandada de cisnes se posó en las aguas. El patito feo sintió unos deseos grandes de estar cerca de ellos... y se lanzó al agua. De pronto dio un grito de alegría. Vio su imagen en el agua. Ya no era un patito feo y ceniciento.

¡Era un cisne! ¡Un cisne!... Desde entonces fue muy feliz.

*(Adaptación)*

Una vez que se estudien cuidadosamente los tiempos presente, pasado y futuro simples, el singular y plural de los verbos y el infinitivo (forma pura del verbo; ejemplos: correr, saltar, jugar) es conveniente ofrecer práctica en la discriminación y uso de los mismos.

Es fundamental que el maestro facilite una variedad de ejercicios para que los alumnos reconozcan las formas verbales y las expresen en forma correcta.

Los alumnos que puedan trabajar solos realizarán los ejercicios del *Cuaderno del estudiante*. Los demás realizarán su labor dirigidos por el maestro.

Insistimos una vez más en que el maestro diagnostique y evalúe constantemente para que pueda conocer dónde está el estudiante y para que determine si tiene que insistir en algún aspecto anterior.

# IX. EL ADVERBIO: SIGNIFICADO Y FUNCIÓN

De acuerdo con su función principal, el adverbio modifica al verbo lo mismo que el adjetivo modifica al sustantivo.
*Ejemplos*:

Unos <u>lugares</u> <u>lejanos.</u>
       sust.   adj.
Mi hermana <u>reside</u> <u>**cerca.**</u>
           v.    adv.

El adverbio no admite morfemas de género, número y persona, pero en las formas derivadas de adjetivos puede adoptar los de grado y derivación.
*Ejemplo*:

*ligerísimo, ligerísimamente, ligerito*

Desde el punto de vista sintáctico, el adverbio suele actuar como modificador del núcleo del predicado. Obsérvese también que con el sufijo *mente* se forma el adverbio compuesto.
*Ejemplos*:

*El niño camina **lentamente**.*
*La niña camina **lentamente**.*
*Las niñas caminan **lentamente**.*

Los adverbios son cualidades de la acción. *Ejemplos*:

*corre **mucho***
*come **poco***
*llega **tarde***

El adverbio puede complementar:

a) a un verbo:
<u>*Camina lentamente*</u>.
verbo        adverbio

b) a un adjetivo:

*El cielo está **muy** claro.*
        adv.   adj.

c) a otro adverbio:

*Caminó **demasiado** lento.*
        adv.        adv.

Por su significado hay adverbios de:

a) NEGACIÓN: *No volverá jamás.*

b) AFIRMACIÓN: *Vendrá, sí.*

c) DUDA: ***Probablemente** regrese.*

ch) MODO (dicen cómo): *Todo le saldrá **bien**.*

d) TIEMPO (dicen cuándo): *Llegó **ayer**.*

e) LUGAR (dicen dónde): *Iré **allí**.*

f) CANTIDAD (dicen cuánto): *Viajó **mucho**.*

Los estudiantes aprenderán a distinguir las FRASES ADVERBIALES, que son dos o más palabras con función adverbial.
*Ejemplos:*

*Lo hizo **a la ligera**.*
*Viene **de vez en cuando**.*
***Tal vez** viaje a Ponce.*

Ya el estudiante en el Nivel 3 se relacionó con el adverbio. En este Nivel 4 se amplían los conceptos.

El maestro utilizará el material que tenga disponible y que sea apropiado al grado para introducir este concepto gramatical. Recomendamos nuevamente que la presentación del material se haga dentro de un contexto lingüístico y articulado con la literatura. Así, de una manera práctica y funcional, el estudiante observará dónde usar el adverbio. Los alumnos reconocerán los adverbios por su uso.

Para que los alumnos adquieran dominio en el uso del adverbio se realizarán actividades y ejercicios variados que el maestro provea. Además, los alumnos trabajarán los ejercicios que aparecen en el *Cuaderno del estudiante*. Si aún hay estudiantes que necesitan práctica adicional, el maestro ofrecerá la ayuda que estime pertinente.

# X. PREPOSICIONES Y CONJUNCIONES

## 1. PREPOSICIÓN

Su función es unir una palabra con su complemento.
Las preposiciones son:

| | | |
|---|---|---|
| *a* | *desde* | *según* |
| *ante* | *en* | *sin* |
| *bajo* | *entre* | *so* |
| *cabe* | *hacia* | *sobre* |
| *con* | *hasta* | *tras* |
| *contra* | *para* | |
| *de* | *por* | |

Pueden establecer relación de dependencia, por ejemplo:

a) Dos sustantivos:

<u>El jarrón</u>  ***de***  <u>cristal</u> *se rompió.*
  sust.    prep.  sust.

b) Dos pronombres:

<u>Él</u>  ***con***  <u>ella</u> *está feliz.*
pron. prep.  pron.

c) Un verbo y un sustantivo:

<u>Vendrá</u>  ***a***  <u>Puerto Rico.</u>
verbo  prep.    sust.

En este Nivel se estudiará, además, la relación que establece la preposición entre los elementos que une.
La relación puede ser de:

a) Lugar:     *Está **bajo** la mesa.*
b) Tiempo:    *Te lo presto **hasta** mañana.*
c) Posesión:  *El traje es **de** Julia.*
ch) Dirección: *Va **hacia** ti.*
d) Compañía:  *Vive **con** su hija.*

e) Origen:  *Está muy seria **desde** que llegó.*

f) Posición:  *Tu libro está **sobre** la mesa.*

El maestro utilizará oraciones, poemas, adivinanzas, láminas, etc., para iniciar una conversación que le permita introducir en forma funcional el concepto gramatical.

Una vez el maestro considere que los alumnos están preparados para trabajar solos, podrán pasar a realizar los ejercicios del *Cuaderno del estudiante.*

Después que el maestro evalúe, determinará si aún sus estudiantes necesitan ayuda adicional y práctica en este aspecto gramatical.

## 2. CONJUNCIÓN

Une dos palabras de igual función gramatical.
*Ejemplos*:

a) Dos sujetos:

*Elena **y** Pablo son buenos estudiantes.*

b) Dos verbos:

*El papá leerá **o** escribirá.*

c) Dos adjetivos:

*El joven es apuesto **e** inteligente.*

ch) Dos sustantivos:

*Busqué el libro **y** el lápiz.*

d) También puede unir dos proposiciones:

*Amanecía **y** los primeros rayos del sol aparecían.*

La conjunción puede estar formada, además, por varias palabras que se unen para funcionar como conjunción.

| | |
|---|---|
| *no obstante* | *antes bien* |
| *ya que* | *o sea* |
| *así que* | |

El maestro repasará con sus estudiantes este aspecto gramatical, ya que ellos en los niveles anteriores trabajaron con la conjunción. El maestro podrá utilizar para ello un párrafo que escoja de cualquier selección apropiada al nivel. Los alumnos clasificarán las conjunciones de acuerdo con su función en la oración. Después los alumnos redactarán oraciones y usarán las conjunciones, así observarán cómo estas pequeñas partículas de la oración son muy importantes para poder expresar un pensamiento claro y correcto. Además, el alumno podrá entender mejor la obra literaria.

Se realizarán diferentes actividades y ejercicios para ofrecer la oportúnidad de que se reconozcan y usen las conjunciones. Luego pasarán a trabajar en el *Cuaderno del estudiante*.

## 3. INTERJECCIÓN

La Gramática tradicional incluía la interjección entre las partes de la oración, pero la Gramática moderna especifica que la interjección equivale a una oración completa.

Son vocablos muy breves, que expresan emoción y se escriben entre signos de admiración.

*Ejemplos*:

*¡Bah!, ¡ah!, ¡oh!, ¡ay!*

137

# XI. RASGOS GRAMATICALES: NÚMERO Y GÉNERO

El género y el número son los elementos indispensables del sustantivo.

## 1. NÚMERO

Existen dos números: **singular** y **plural**. El número es singular cuando el nombre se refiere a una sola cosa; plural, cuando se refiere a más de una. Cuando está en singular admite la compañía del artículo *el* o *la*, de otros determinantes que le convengan o de adjetivos como *lindo - linda*.

El plural se forma al añadir el morfema *s* o *es* al singular. Cuando está en plural admite el artículo *los, las*, otros determinantes y las formas plurales de los adjetivos (*lindos - lindas*).

El número tiene que estar en concordancia con el sustantivo, con el adjetivo y con el verbo. (Concordancia es la igualdad de género y número entre sustantivo y adjetivo, y la igualdad de número y persona entre un verbo y su sujeto.)

En este Nivel 4 se dará mantenimiento en el reconocimiento y uso de los conceptos singular y plural. Se prestará atención a casos especiales de singular y plural; palabras que se escriben igual en plural que en singular (*la dosis, las dosis*); los colectivos, palabras que se escriben en singular pero que comprenden más de uno (*ejército, enjambre, semillero*).

Todos estos aspectos ya se han atendido al estudiar el sustantivo, el adjetivo, etc. A través de varios ejercicios y del análisis de oraciones, los alumnos deberán poder formar el plural de las diferentes palabras (añadiendo *s, es,* y cuando terminen en *z,* cambiar la *z* por *c* y añadir *es*. En este nivel no se tratarán las excepciones a la regla. No obstante, el profesor deberá saberlo por si surgen dudas). Además, deberá distinguir la concordancia que existe entre artículo, sustantivo, verbo y adjetivo.

Los estudiantes trabajarán los ejercicios del *Cuaderno del estudiante*. El profesor ofrecerá ayuda individual a aquellos estudiantes que lo necesiten.

## 2. GÉNERO

Los sustantivos tienen dos géneros: masculino y femenino. El género no es una variación regular del nombre, pues no hay nada que indique que *reloj* es masculino y que *blusa* es femenino. Hay muchos nombres femeninos que terminan en *a* (*silla*), pero hay otros que no terminan en *a* (*mano*). Los nombres inanimados no tienen nada que indique su género: *libreta, camisa,* son femeninos; *vagón* y *sillón* son masculinos. Las cosas no tienen sexo masculino ni femenino, pero se les atribuye uno u otro género según puedan llevar delante el artículo *el* para masculino y *la* para el femenino.

El cambio de género en el nombre no siempre se hace de la misma forma. En este aspecto gramatical el estudiante se pone en contacto con las diferentes maneras de expresar el masculino y el femenino de nombres, personas, animales y cosas. Así los estudiantes distinguirán y formarán uno si se les da el otro.

Se ofrecerá a los estudiantes una serie de nombres de personas y animales para que los alumnos los clasifiquen de acuerdo con su género, concepto que los alumnos ya aprendieron en los niveles anteriores. De igual manera, escribirán y cambiarán el género para que observen las variaciones que se han hecho en las terminaciones de los mismos, o sea, se les da un género para que indiquen el otro. Así los propios estudiantes derivarán conclusiones.

Los alumnos pueden decir varios nombres de cosas de su preferencia para luego colocarles el artículo (*el, la, los, las*) u otros determinantes convenientes, para deducir de esta forma el género de los mismos.

Es fundamental para la adquisición de estos conceptos realizar varios ejercicios. Así y a través de los ejercicios del *Cuaderno*, los estudiantes captarán el concepto de forma funcional.

# XII. FONOLOGÍA Y ORTOGRAFÍA

## 1. FONOLOGÍA

La fonología es la parte de la gramática que estudia los fonemas. El fonema es el sonido que el que habla desea pronunciar. El fonema pertenece a la lengua, los sonidos al habla. La fonología se relaciona con la fonética en que ambas tratan de los sonidos de una lengua, aunque desde diferentes puntos de vista.

Los fonemas se dividen en dos clases: los consonánticos y los vocálicos. Los vocálicos pueden formar sílabas por sí solos (*ea*, *oe*, *io*). Los consonánticos no pueden formar sílabas por sí solos. Tienen que combinarse con los fonemas vocálicos (*ba*, *re*, *to*).

Conocer el alfabeto es imprescindible para los alumnos de este Nivel. Desde el Primer Nivel, se pone al niño en contacto con el alfabeto para que aprenda luego a usar el diccionario. Insistimos en la importancia de este aspecto, para que así los estudiantes desarrollen y perfeccionen la destreza del manejo del diccionario. Es necesario que los alumnos empiecen a tomar el hábito de consultar el diccionario tan pronto estén preparados para ello.

El maestro puede dirigir a los estudiantes en una conversación acerca de las experiencias que han tenido los niños en el uso de glosarios, diccionarios y enciclopedias.

Los estudiantes podrán tener el libro y un diccionario para comentar sobre su uso e importancia y consultarlos en algunos casos.

Se adiestrará a los alumnos en el orden alfabético, no sólo en lo que respecta a las letras iniciales, sino hasta la tercera o cuarta letras subsiguientes.

Los ejercicios de prácticas que se ofrezcan para desarrollar y mantener estos conceptos no deben convertirse en actividades repetitivas y monótonas. Hay que establecer asociaciones continuas con los intereses y las necesidades de los estudiantes.

En este Nivel 4 se induce al alumno al reconocimiento del concepto SÍLABA. Ésta en el lenguaje oral se caracteriza porque se pronuncia con un solo impulso de la voz y también es de suma importancia para la escritura correcta. Las sílabas son libres si terminan en vocales (*ma-ra-ca*) y trabadas si terminan en consonante (*men, cor*).

Se enseñará la clasificación de las palabras según el número de sílabas, a saber:

a) Monosílabas (de una sola sílaba): *es, con, te.*
b) Bisílabas (de dos sílabas): *casa, madre, copa.*
c) Trisílabas (de tres sílabas): *lámpara, libreta.*
ch) Polisílabas (de más de tres sílabas): *caminante, estructural, interrogativo.*

Se recomienda partir y utilizar los materiales apropiados a este Nivel para estimular el desarrollo, mantener y ofrecer prácticas en estos aspectos gramaticales.

El maestro proveerá ejercicios donde se ofrezca la oportunidad para que los niños dividan palabras en sílabas y reconozcan las palabras monosílabas, bisílabas, trisílabas y polisílabas.

Se realizarán ejercicios para que los alumnos localicen la sílaba tónica y clasifiquen las palabras según el lugar que ocupe (última, penúltima o antepenúltima). Distinguirán entre palabras agudas, llanas y esdrújulas.

Después de que el estudiante tenga estos conceptos claros y que estas formas gramaticales tengan sentido para él, pasará a trabajar en el *Cuaderno del estudiante.*

Lo esencial es que los conceptos se fijen en la mente del alumno, no como abstracciones, sino como representaciones de cosas significativas para él. Al efecto, *no* se memorizarán reglas, sino que se proveerán múltiples oportunidades para que el alumno trabaje con unas estructuras lingüísticas. De esta manera, el estudiante irá descubriendo y aprendiendo el uso de las estructuras en forma significativa y funcional.

## 2. ORTOGRAFÍA

Aunque algunos lingüistas modernos no consideran la ortografía como parte de la gramática, hemos pensado que es de suma importancia para los alumnos de cualquier nivel.

La ortografía es el estudio de la forma de representar, por medio de las letras, los fonemas del lenguaje. Incluye la escritura correcta de las palabras y el uso de una serie de signos que reflejan diferentes aspectos de la significación de las palabras, mayúsculas, acentos y puntuación.

En ortografía se enseñará lo siguiente en este nivel:

— Uso de la letra mayúscula.
— Usos de *mb* y *mp*.
— Usos de *nv* y *nf*.
— Uso de la abreviatura.
— Acentuación de las palabras agudas, llanas y esdrújulas.
— Monosílabos que nunca se acentúan: *fue, fui, Dios, vio, dio, fe, ti, es, da, e,* u.
— Monosílabos que a veces se acentúan (acento diacrítico) para ejercer una función particular: *de, tu, el, si, mi, mas, te, se, o, quien, que, cuan.*
— Usos de la coma.
— Usos de los dos puntos y los puntos suspensivos.
— Uso del guión.

Aunque parece una labor sencilla la redacción de oraciones, ésta constituye una base sólida para que luego el alumno tenga un eficaz dominio de su expresión oral y escrita. Por medio de varios ejercicios, los alumnos construirán oraciones poniendo énfasis en el uso de la letra mayúscula al iniciar las mismas. Los estudiantes podrán, progresivamente, ir escribiendo párrafos, composiciones, en torno a las lecturas que ellos hayan realizado y sobre la apreciación de láminas o sobre las experiencias que hayan tenido.

El maestro proveerá oportunidades para ejercitar a los estudiantes en otros usos de la letra mayúscula, en los nombres propios, abreviaturas, etc.

En los niveles anteriores, los niños han observado el uso de los acentos, las comas, etc. Se han familiarizado con estos aspectos del uso del lenguaje en forma natural. Desde este nivel, los contactos del niño con la lengua deben ser más formales. Las formas gramaticales adquirirán sentido para él si se vinculan a las experiencias reales, significativas.

Las lecciones y actividades que el maestro provea en este aspecto de la ortografía deberán responder al programa del Nivel y partirán siempre de la obra literaria. Es importante que el estudiante vea la relación que existe entre la obra literaria y la lengua, así como con otras áreas curriculares.

Para ofrecer práctica en las letras de ortografía dudosa, el maestro puede partir de un dictado o de algún trabajo escrito. Éste puede hacerlo en forma colectiva o individual.

El maestro deberá seleccionar textos apropiados para este Nivel. Es importante que el maestro recalque la importancia de tener una buena ortografía y cómo un uso incorrecto de una letra o de la coma puede cambiar el sentido de lo que se desea transmitir. Los trabajos que los niños realicen se corregirán con el grupo. Se ofrecerán diferentes ejercicios para practicar la escritura de las letras de ortografía dudosa.

Insistimos, nuevamente, en que las palabras no se presenten de forma aislada, sino siempre dentro de un contexto, y que tengan significación para el estudiante.

Con los ejercicios del *Cuaderno del estudiante,* los alumnos tendrán mayor oportunidad para practicar la escritura de las palabras de ortografía dudosa.

El estudiante en este nivel ya ha tenido suficiente práctica en el reconocimiento de la sílaba tónica. Además, ya en este Nivel él reconocerá lo que es última, penúltima y antepenúltima sílaba. A través de actividades variadas e interesantes y de forma exclusivamente funcional, se llevará a los alumnos al reconocimiento de las palabras agudas, llanas y esdrújulas.

Los estudiantes notarán la sílaba en que recae el acento de intensidad en las palabras agudas primeramente, luego en las llanas y después en las esdrújulas.

El profesor llevará a los alumnos a inferir que, de acuerdo con la sílaba que recibe el acento de intensidad, las palabras pueden ser agudas, llanas o esdrújulas. Además, llegarán a inferir cuándo se acentúan las palabras agudas y llanas y cuándo no se acentúan las mismas. Los alumnos inferirán que las palabras esdrújulas se acentúan siempre.

# OBSERVACIONES GENERALES

Se insiste en que la adquisición de unas nociones gramaticales debe basarse en la práctica continua de una gran variedad de ejercicios, siempre basados en la obra literaria. Además de los ejercicios que provee el *Cuaderno del estudiante*, el profesor preparará otros similares en caso de que fuese necesario, ya que es él quien mejor conoce a sus estudiantes y puede determinar qué es lo más conveniente para ellos.

Gradualmente y según los alumnos crezcan en experiencia y madurez, se estudiarán los diferentes conceptos gramaticales. Es recomendable que el maestro domine esos conceptos en toda su amplitud aunque los simplifique para sus alumnos.

También insistimos en que la enseñanza de la gramática, actualmente, tiene que articularse con todos los aspectos del lenguaje, así el alumno se dará cuenta de que la gramática es parte importante de un todo. Por ello, nunca deben aislarse.

El maestro debe recordar que ésta es solamente una *guía* y debe utilizarse de forma creadora. Su contenido debe ajustarse a las necesidades particulares de los estudiantes. El diagnóstico y la evaluación constantes ofrecerán al maestro una visión clara del nivel de desarrollo de sus alumnos. El uso adecuado de los resultados del diagnóstico y de la evaluación formativa y sumativa ayudarán al profesor en la selección de actividades para atender individualmente a sus alumnos.

Recomendamos al maestro que estudie muy cuidadosamente la *Gramática del maestro* para que domine, en toda su amplitud, los conceptos gramaticales modernos, aunque los simplifique para sus estudiantes.

Aquí se sugieren unas actividades y unos ejercicios. Éstos son sólo ejemplos de cómo desarrollar las clases. El profesor puede seleccionar, cambiar, sustituir o enriquecer estas actividades. La selección última de los materiales que utilice el maestro es prerrogativa suya, pues sólo él conoce las necesidades e intereses de sus alumnos.

*Guía del maestro*

Correspondiente al *Cuaderno del estudiante*
para la Serie de Gramática Estructural
ESPAÑOL PASO A PASO

**Nivel 5**

# INTRODUCCIÓN

La Serie *Paso a paso* se preparó con el fin de facilitar al estudiante y al maestro el acercamiento a la moderna gramática estructural. El enfoque tradicional hoy no tiene vigencia, ya que no responde al método científico que abarca otras áreas importantes del conocimiento humano y que la Lingüística incorpora tardíamente.

En este Nivel 5 ya el alumno conoce la Serie, porque se inició con ella en los niveles anteriores. Conoce los vocablos técnicos del estructuralismo científico, así como el acercamiento al mismo: funcionalmente, o sea, estableciendo relaciones entre los términos lingüísticos que componen la oración. De igual forma, debe haber captado la consideración semántica (relativa a la significación) sin la cual es imposible una descripción gramatical.

Para el maestro, que con toda probabilidad pasará por un período de transición de la gramática tradicional al análisis estructural, tampoco ha de ser un grave problema, porque no se trata de un cambio drástico. En la nueva nomenclatura gramatical se conserva, esencialmente, la terminología generalmente conocida.

El maestro ha de estar alerta para que el proceso de enseñanza y aprendizaje de la gramática se armonice con los textos y con otros materiales de lectura. En ese proceso, la enseñanza gramatical se llevará siempre a cabo dentro de un contexto lingüístico o se partirá de él.

El enfoque tradicional se aparta de la sistematización que requiere todo acercamiento científico a la lengua. No puede sistematizarse si no existe una unificación. De ahí que sea necesario lograr un acercamiento al material lingüístico por medio de una ordenación juiciosa de dicho contenido. La gramática estructural estudia las formas lingüísticas que resultan de las relaciones de los elementos lingüísticos. Éstos se estudian como parte integrante de un todo. Es esa totalidad de elementos interrelacionados lo que denominamos ESTRUCTURAS. La gramática es, pues, el análisis de esas estructuras. Lo importante en este enfoque moderno es la lengua en función y la gramática al servicio de ella. La gramática y la lengua se complementan mutuamente.

En el proceso de enseñanza y aprendizaje el maestro deberá hacer las adaptaciones que estime oportunas y deberá llevar los conceptos de la manera que él crea más conveniente, pero siempre hará un inicio correcto de los mismos. Su centro de interés y de mayor atención, en todo momento, serán las diferencias individuales y las características especiales del grupo, así como el desarrollo óptimo de las destrezas lingüísticas.

En este Nivel se usarán los libros de texto, las adivinanzas, las canciones, las lecturas preparadas por el maestro, etc. Estos materiales deberán responder a las particularidades del grupo de estudiantes, así como a las necesidades peculiares de cada discípulo.

Después de introducir el concepto gramatical, el alumno —dirigido por el maestro— pasará a trabajar en el *Cuaderno del estudiante*. Si el niño necesita más práctica aún, el profesor preparará otros ejercicios similares a los del *Cuaderno*. El educador ha de tener constantemente presente las diferencias de estilo e inclinaciones para aprender del estudiante y proveerá materiales didácticos que propendan a ofrecer las ayudas propias para cada educando. Al efecto, el profesor deberá utilizar siempre distintos métodos, recursos y materiales para satisfacer las diferencias individuales.

Como señalamos anteriormente, la enseñanza se dará siempre en un contenido literario, nunca de forma aislada. Se determinará qué contenido y cuándo ofrecerlo por medio del diagnóstico. Éste deberá efectuarse continuamente para que el maestro pueda realizar un planteamiento eficaz que responda a las necesidades particulares de cada alumno. Por lo tanto, el momento para que el alumno trabaje en el *Cuaderno* dependerá de su madurez.

Esta Serie no pretende reemplazar los libros de lectura que usan el estudiante y el maestro, sino que servirá como un *auxi-*

*liar* para completar la enseñanza de la gramática con la lectura y demás aspectos del lenguaje, así como otras áreas curriculares. La Serie espera, además, fortalecer la enseñanza del vernáculo (español), para que de manera funcional, el estudiante adquiera unas destrezas lingüísticas con dominio pleno de su lengua oral y escrita.

Deseamos advertir al maestro que en la enseñanza de la gramática no deberá exigirse, *bajo ningún concepto*, la memorización de reglas.

Ya la palabra *funcional* así lo indica. La FUNCIÓN es, pues, el papel que desempeña un elemento en la estructura gramatical de un enunciado. Por lo tanto, el alumno, por medio del análisis de diferentes contenidos lingüísticos irá descubriendo, analizando las relaciones de las estructuras gramaticales.

Conviene señalar que en este trabajo hemos tenido presente el enriquecimiento del vocabulario del alumno. En consecuencia, el profesor introducirá siempre cualquier vocablo nuevo para el estudiante dentro de un contexto lingüístico.

En la redacción y selección de los contenidos lingüísticos hemos incluido materiales concernientes a otras áreas del currículo. Ello facilitará al maestro la articulación del español con las mismas. Asimismo, se incluyen puntos referentes a todas las artes del lenguaje, ya que el profesor ha de tener presente esta relación constante. Como puede notarse, la secuencia y la profundidad son unas constantes de este trabajo.

El maestro estará muy atento a las direcciones que se ofrecen en el *Cuaderno del estudiante* para clarificar cualquier duda del educando. En ocasiones, deberá completar las instrucciones que se ofrecen, ya que hemos evitado preparar directrices muy complicadas o extensas. Notará el maestro, también, que nos hemos ocupado de la clarificación de valores y del alcance del desarrollo de unas actitudes óptimas.

Esperamos que esta *Guía* sea de mucha ayuda al maestro, porque así podrá comprender, en forma sencilla, la moderna gramática estructural. Esta *Guía* no pretende ser un tratado más de gramática, sino más bien un trabajo de orientación dirigida. En ella se ofrecen, además, variados ejercicios para que sus estilos de enseñanza puedan enriquecerse y ampliarse. Nuestra meta inmediata es contribuir a un mejor dominio del lenguaje y a un proceso de enseñanza y aprendizaje que se efectúe con seguridad, variedad, confianza y fe en la labor realizada.

Con esta Serie se preparó una *Gramática del maestro*. El fin es clarificar cualquier duda del maestro y darle seguridad en el manejo de la lengua. Por lo tanto, le recomendamos que la use como libro de consulta constantemente. En ella encontrará explicaciones y ejemplos que harán que de su labor obtenga unos mayores resultados.

# I. LA ORACIÓN Y LOS ELEMENTOS QUE LA CONSTITUYEN

La ORACIÓN es una estructura básica del lenguaje que permite una mejor comunicación. Es un recurso que facilita la expresión de las ideas en forma organizada y clara. La expresión clara es posible si se ordenan las palabras de forma lógica, tanto al hablar como al escribir. La oración es el patrón lingüístico que sustenta ese orden.

La oración es la unidad lingüística dotada de significación, es independiente, o sea no pertenece a otra unidad lingüística mayor.

La oración expresa un sentido completo. La estructura de la oración se compone de una serie de funciones. Cuando hablamos de funciones queremos decir la relación que establece un término lingüístico con los demás.

Las PROPOSICIONES no son oraciones sino que forman parte de esa unidad mayor que es la oración. La proposición tiene forma oracional. Se diferencia de la oración en que no tiene independencia sintáctica. Esa independencia se marca con un punto, con signos de exclamación, de interrogación o puntos suspensivos en el lenguaje escrito. A los alumnos les podemos indicar que en la lengua escrita el punto es el que separa las oraciones. Una proposición se puede convertir en oración.

*Ejemplo*:

Oración
(*La vida es buena*) y (*me gusta vivirla*).
Proposición      Proposición

Aquí tenemos dos proposiciones unidas por la conjunción *y*. Estas proposiciones no tienen independencia sintáctica. Si eliminamos la conjunción podemos hacer dos oraciones independientes sintácticamente.

[(*La vida es buena*)] [(*Me gusta vivirla.*)]

153

Un' mismo contenido puede variar de estructura y de acuerdo con su estructura podemos tener oraciones o proposiciones.

Una PALABRA para que tenga un significado preciso tiene que estar en una oración.

La morfología se encarga del estudio de los monemas y sus combinaciones. El MONEMA es la unidad lingüística más pequeña dotada de significación. Los monemas se dividen en dos clases: *lexema* o raíz y *morfema*.

Los LEXEMAS tiene significación plena, porque se refieren a *objetos* (nombres), *acciones* (verbos) o *cualidades* (adjetivos y adverbios).

Los MORFEMAS son aquellos que poseen sólo significado gramatical y se utilizan para modificar el significado de los lexemas o para relacionarlos entre sí (prefijos, sufijos, desinencias, determinantes, preposiciones y conjunciones).

*Ejemplos*:

1. En la palabra *como*:

com - o (hay dos monemas)
lex.   morf.
\__/
monemas

*com*: indica cierto tipo de acción (lexema);

*o*: indica a la persona que habla, tiempo, modo, voz (morfema).

2. En la oración: *Mi hermano continúa inconsolable.*
Son lexemas: *herman-, continu-, consol-*;
Son morfemas: *mi, -o, -a, in-, -able.*

El estudiante de este Nivel 5 se inició en el desarrollo de unas destrezas gramaticales que continuará desarrollando en forma sistemática y que aumentarán en complejidad. Los conceptos estudiados sobre la oración, la proposición y la palabra se amplían en este Nivel 5.

Pretendemos que el estudiante pueda analizar los elementos esenciales de la oración, la función que desempeñan las palabras, su orden en la oración y la concordancia entre los elementos que la integran. De igual forma, que pueda distinguir la oración por su sentido y por su estructura.

A pesar de la sencillez de la composición de oraciones, la misma constituye una buena base para una eficaz expresión oral y escrita. A partir de la oración, se analizarán sus partes hasta llegar a los elementos más simples de la misma.

En el estudio de este concepto se enseñará a los estudiantes el reconocimiento de las oraciones, proposiciones, palabras, morfemas y lexemas. Además, se ejercitarán en la construcción de las oraciones y en cómo se distinguen las mismas. Se ofrecerá práctica de esta actividad y se aumentará progresivamente la complejidad.

Al conocer la oración, así como la relación y la concordancia entre los elementos que la integran, pueden intentarse patrones cada vez más complejos.

Es sumamente importante que antes de iniciar al estudiante en este Nivel, el maestro efectúe un buen diagnóstico. Éste revelará al profesor dónde está cada estudiante y cuál ha de ser el punto de partida. La prueba diagnóstica debe responder a las destrezas indicadas en los niveles anteriores (Niveles 1, 2, 3 y 4).

El profesor usará su capacidad creadora al realizar las actividades y los ejercicios que se sugieren. La *Guía para el maestro* no será un patrón que se siga al pie de la letra. El maestro queda en libertad de adaptarla a las necesidades particulares de su grupo.

Recomendamos partir de los materiales, de los libros de texto del grupo, de las experiencias de los alumnos y de todo aquel material que el educador considere apropiado para estimular el desarrollo de los diversos aspectos gramaticales que se incluyen.

El maestro podrá acercar a los niños al tema mediante una conversación informal con ellos en torno a lo aprendido en los niveles anteriores sobre la oración gramatical.

Los alumnos pueden decir la relación que existe entre el pensamiento y la palabra. Repasará los conocimientos adquiridos anteriormente sobre la estructura de la oración. Los estudiantes podrán definir la oración gramatical y darán ejemplos.

Discutirán, también, la importancia de la comunicación y necesidad de expresarnos con corrección y propiedad.

El maestro podrá presentar una situación para que los niños formen oraciones. Como por ejemplo: presentará ilustraciones sobre paisajes, etc., para facilitar la expresión de varias oraciones. El ejercicio se puede realizar en forma oral y escrita. El profesor insistirá en la construcción correcta de las estructuras oracionales. No deberá olvidar señalar a los alumnos que una oración puede constar de una sola palabra.

*Ejemplos*:

*Basta.*
*¡Socorro!*

Además, tiene que hacer hincapié en el uso de la letra mayúscula al iniciar la oración y después del uso de puntos.

A continuación ofrecemos una selección del novelista español Azorín: *Las nubes*.

## LAS NUBES

Las nubes nos dan una sensación de inestabilidad y de eternidad. Las nubes son —como el mar— siempre varias y siempre las mismas... Las nubes, sin embargo, que son siempre distintas, en todo momento, todos los días van caminando por el cielo. Hay nubes redondas, henchidas de un blanco brillante, que destacan en las mañanas de primavera sobre los cielos traslúcidos... Las hay como velloncitos iguales e innumerables, que dejan por entre algún claro un pedazo de cielo azul. Unas marchan lentas, pausadas; otras pasan rápidamente. Algunas de color ceniza, cuando cubren todo el firmamento, dejan caer sobre la tierra una luz opaca tamizada, gris, que presta su encanto a los paisajes otoñales.

*AZORÍN*
*(fragmento)*

Los estudiantes separarán las oraciones por medio de corchetes [] y las proposiciones por medio de paréntesis (). También el maestro podrá aprovechar para que los alumnos identifiquen palabras e indicar en ellas los lexemas (raíz) y los morfemas que las componen.

Ejemplos de otras actividades que el maestro puede realizar:

- Leer trozos literarios y hacer notar la diferencia entre las palabras, las proposiciones y las oraciones.
- Identificar proposiciones en diferentes lecturas (poemas, cuentos, adivinanzas, etc.).
- Convertir proposiciones en oraciones.
- Convertir oraciones en proposiciones.
- Formar oraciones con grupos de palabras.
- Leer diferentes textos y separar las oraciones y proposiciones que los componen.
- Escribir párrafos sobre temas apropiados a las necesidades e intereses de los estudiantes.

Las diferentes actividades se realizarán en forma de grupo o individualmente. Luego, los estudiantes trabajarán en el *Cuaderno del estudiante*.

El maestro proveerá otros ejercicios similares a los del *Cuaderno*, si hay estudiantes que no logran alcanzar el rendimiento educativo que el maestro espera.

El maestro debe recordar que la reflexión gramatical parte del uso diario de la lengua, en todo momento de manera práctica y *funcional*. Insistimos en que las definiciones que aparecen en recuadros en el *Cuaderno del estudiante* **no son** para que el estudiante se las aprenda de memoria; el propósito es reforzar la tarea que el maestro desempeña en el salón de clase.

## II. ESTRUCTURA DE LA ORACIÓN

Habíamos dicho que la oración se estructura de una manera perfecta. Su estructura se compone de funciones. Cada palabra tiene su función específica en la oración. La oración tiene dos componentes fundamentales, sin éstos no puede existir. Estos componentes son el *sujeto* y el *predicado*.

El concepto de sujeto y predicado ya ha sido adquirido por los estudiantes en los niveles anteriores. El maestro acercará a los alumnos al tema con un repaso sobre los conocimientos que ellos poseen sobre el sujeto y el predicado.

Semánticamente, el SUJETO es aquello de quien se niega o se afirma algo. Funcionalmente, es el constituyente inmediato de una oración bimembre, que no es el predicado.

El PREDICADO, semánticamente, es lo que se dice del sujeto. Funcionalmente, es el constituyente inmediato de una oración bimembre que no es el sujeto.

El educador podrá presentar algunas láminas para que los alumnos las observen y redacten oraciones sobre las mismas. Las oraciones que los niños redacten se escribirán en la pizarra. Luego, se leerán y se analizarán para considerar la función del sujeto y del predicado. Estos conceptos se presentarán en forma práctica, *funcional*.

Otra forma de motivar la discusión oral puede ser a través de la lectura de algún trozo literario apropiado para el grado o nivel, como el que sigue:

LA PAMPA Y EL GAUCHO

La Pampa es región herbosa por excelencia. La lluvia es lo suficiente para proporcionar crecimiento a esta forma de vegetación, pero no para el sostenimiento de árboles. Sabanas, campos, llanos y pampas tienen un sentido muy semejante.

La hierba crece con rapidez increíble, y en pocas semanas alcanza buena altura. Algunos retoños de árboles, cuya semilla es llevada por el viento, intentan asomarse al comenzar la primavera, pero pronto son asfixiados por la tupida hierba, que todo lo llena, y al fin se mueren. Más tarde, el ardiente estío agosta las hierbas y los pastizales, son terrenos propicios para el incendio, que se propaga con rapidez increíble por la inmensa llanura.

La Pampa, por su proximidad al trópico, es un término medio entre el desierto y la selva. Hay una estación seca, que es de sed y de muerte. Las plantas tienen que seguir un ciclo rápido antes que llegue la estación ardiente. Las regiones llanas y provistas de vegetación abundante, son propicias para que en ellas puedan vivir los pueblos pastores. Verdes pastos y agua para el ganado es lo único que pide el pastor. Cuando el clima es extremoso, llevan el ganado a regiones donde la temperatura es más suave y los pastos constantes. En la Pampa se mima y se cuida el ganado con el mayor esmero. Toda la vida de la Pampa no depende más que de la tierra, en su doble sentido agrícola y pastoril.

*ANTONIO GIL ALBERTI*

Una vez que el alumno reconozca los dos componentes fundamentales de la oración (sujeto y predicado), el maestro dirigirá a los estudiantes a centralizar su atención hacia el sujeto. El educador ofrecerá al estudiante la oportunidad de identificar el sujeto en diferentes oraciones. Recuerde el maestro que el sujeto no tiene lugar fijo en la oración, puede estar al principio, en el medio o al final. También puede estar tácito u omitido.

Aspectos a considerar en el estudio del sujeto:

— el núcleo del sujeto y sus modificadores;
— sujeto simple y sujeto compuesto.

*Ejemplos*:

*Luisa realizó un viaje en barco.*
S. simple

*María y sus hermanos van a la iglesia.*
   S. compuesto

*Ejemplo* de sujeto omitido o tácito:

*Fuimos a la playa.*
(El sujeto omitido es **nosotros.**)

Modificadores que precisan la significación del sujeto.
*Ejemplos*:

159

<u>       Sujeto       </u>
*El   joven   apuesto se ganó un premio en natación.*
M.D.   S.     M.D.
       núcleo

<u>       Sujeto       </u>
*La   casa   de la esquina es de Juana.*
M.D.   S.     M.I.
       núcleo

Obsérvese que en el modificador directo no hay palabras de enlace; en el indirecto, sí hay (*de*).

Actividades que se pueden realizar:

- Identificar el sujeto en diferentes oraciones.
- Subrayar el sujeto en oraciones redactadas por los estudiantes.
- Añadir otra palabra al núcleo del sujeto para precisar su significación.

*Ejemplos*:

*María pasó un día en el campo.*
*La pequeña María pasó un día en el campo.*
*María, la hermana de Raúl, pasó un día en el campo.*
  N.S.           Aposición

- Cambiar la posición del sujeto dentro de la oración.

*Ejemplos*:

*Las ventajas de la paz son muchas.*
*Son muchas las ventajas de la paz.*

- Discriminar en oraciones cuando se omite el sujeto.
- Notar la concordancia entre el sujeto y el artículo y entre el sujeto y el verbo.
- Distinguir el sujeto simple y el compuesto.
- Redactar oraciones con diferentes grupos de sujetos.
- Formar oraciones en las que un sujeto sirve para varios predicados.

El maestro tiene que recordar que el ritmo de aprendizaje de sus estudiantes varía y habrá estudiantes que realicen sus trabajos en menos tiempo que otros. Entonces tendrá que preparar ejercicios adicionales para aquellos estudiantes cuyo ritmo de aprendizaje sea más lento.

Los alumnos realizarán los ejercicios del *Cuaderno del estudiante*. Una vez que el maestro evalúe el aprovechamiento de los alumnos en términos de la adquisición de destrezas y conceptos, determinará si necesita ofrecer más práctica en este aspecto gramatical. Todo dependerá del grado de madurez de sus estudiantes.

No hay límite de tiempo ni cantidad en las actividades y ejercicios que se realicen.

El estudio del predicado se trabajará en forma similar a la del sujeto.

Aspectos que se considerarán en el estudio del predicado:

— núcleo del predicado;
— predicado simple y compuesto.

*Ejemplos*:

*El joven /_camina_ / por la pradera.*
           N.P.

*Los excursionistas <u>visitaron el museo de cera</u>.*
                       P. simple

*Los excursionistas <u>visitaron el museo de cera y estuvieron en el castillo en ruinas.</u>*     P. compuesto
P. compuesto

— posición del predicado (puede estar al principio, en el medio o al final);
— los complementos de núcleo del predicado. En este nivel se trabajará solamente con el objeto directo e indirecto del predicado.

*Ejemplos*:

*Mi amigo trajo /<u>unos chocolates</u> / <u>para mí</u>.*
             O.D.              O.I.

*José hace* / *muchos favores* /*a sus amigos*.
　　　　　　　O.D.　　　　　　　O.I.

— predicado verbal o nominal.
*Ejemplos*:

*Verónica decidió marcharse de allí.*
　　　　N. P. V.　　　　P. V.

— El núcleo del predicado verbal es un verbo: *decidió*

*El niño* / *era bueno.*
　　　　　P.N.

— El núcleo del predicado verbal es un sustantivo o un adjetivo. Nótese que la palabra *bueno* modifica al niño, o sea, nos dice cómo es. El núcleo de este predicado es un nombre, por tanto el predicado es nominal.

Insistimos, una vez más, en que el reconocimiento de las funciones en la oración se realice de manera funcional y práctica.

Actividades que se pueden realizar:

• Separar el sujeto del predicado.
• Subrayar el núcleo del predicado.
• Clasificar los sujeto y los predicados en simples y compuestos.
• Subrayar el predicado e indicar si es verbal o nominal.
• Identificar los modificadores del núcleo del predicado.
• Distinguir en diferentes oraciones el lugar o posición que ocupa el predicado.

A partir de este Nivel 5 el maestro podrá estudiar el sujeto y el predicado a partir del reconocimiento del sintagma nominal y del sintagma verbal, según se representa en la *Gramática del maestro*.

## Oraciones unimembres y bimembres

Recordar a los estudiantes que aunque en la mayor parte de las oraciones es posible distinguir el sujeto y el predicado hay oraciones en que no sucede así.

*Ejemplos*:

*¡Gracias!*
*¡Cuánto sufrimiento!*

Se explicará a los estudiantes que estos conjuntos de palabras tienen sentido completo y tienen completa independencia, por lo tanto, son oraciones gramaticales. En estas oraciones no se puede distinguir el sujeto y el predicado. Forman un solo miembro, por eso se llaman *oraciones unimembres*.

La oración bimembre se compone de dos partes o miembros (sujeto y predicado).

*Ejemplo*:

*El avión* / *aterrizó en la amplia pista.*
    S.                              P.

Las oraciones que tienen el sujeto tácito son bimembres, porque aunque en ellas no se expresa el sujeto se conoce. En las oraciones unimembres no sucede así. Se analizarán diferentes oraciones para que los alumnos noten la diferencia entre la oración unimembre y la oración bimembre.

Además, los niños analizarán distintas oraciones para notar la diferencia entre la oración simple y la compuesta. La ORA-CIÓN SIMPLE consta de un solo sujeto y un solo predicado.

*Ejemplo*:

*El joven* / *iba montado en un caballo.*
    S.                        P.

La ORACIÓN COMPUESTA puede constar de uno o más sujetos y dos o más predicados.

*Ejemplos*:

*Aunque esté enferma, iré a tu graduación.*
    1 sujeto y 2 predicados

*Mientras el niño duerme, su mamá come.*
2 sujetos y 2 predicados

*El pájaro voló al árbol, recogió sus alas y comenzó a cantar.*
1 sujeto y 3 predicados

El profesor debe proveer diferentes ejercicios y actividades para ofrecer práctica y mantenimiento en el uso y reconocimiento de las oraciones simples y compuestas. Ofreceremos varias oraciones para las prácticas.

*Señor, vengo a darle cuenta de la misión que se me encomendó.*

*Los zapatos de Conchita costaron treinta dólares y la cartera quince dólares.*

*El abuelito sonrió amable y satisfecho.*

*Si quieres que cante el ciego, dale la paga primero.*

*A quien duerme junto al río, la corriente se lo lleva.*

*El ladrón se escapó sin que nadie lo advirtiera.*

*Quien adelante no mira, atrás se queda.*

*Pasé el verano en Galicia.*

*La noche desciende lentamente sobre las cabañas de los pastores y sobre los palacios de los caballeros.*

*El domingo estuve en la playa con mis compañeros.*

El profesor evaluará, continuamente, para determinar el aprovechamiento de los alumnos. Los resultados que reflejan las pruebas orientarán la enseñanza e indicarán si el maestro tiene que reenseñar.

# III. CLASES DE ORACIONES SEGÚN LA ACTITUD DEL HABLANTE

El sentido de la oración puede ser de distintos tipos, de acuerdo con la actitud del que habla. Las oraciones según su significación se pueden dividir en diferentes grupos. En este nivel hemos incluido las siguientes:

1. **ENUNCIATIVAS** o **ASEVERATIVAS**: son las oraciones que nos expresan algo, unas afirman, otras niegan.

*Ejemplos:*

*El zorzal tiene patitas coloradas.*
*No hay muchos pájaros en Puerto Rico.*
*¡Qué bonito canta la calandria!*

Nótese que una oración enunciativa puede ser exclamativa (ejemplo 3).

2. **INTERROGATIVAS**: son las oraciones que preguntan o interrogan. Pueden ser directas o indirectas.

Las INTERROGATIVAS DIRECTAS se escriben entre signos de interrogación.

*Ejemplo:*

*¿Hacia dónde se deslizó la puerta?*

Las INTERROGATIVAS INDIRECTAS no se escriben entre signos de interrogación, pero siempre tiene una palabra interrogativa (qué, quién, cuándo, dónde, etc.).

*Ejemplo:*

*Quisiera saber dónde vive Raúl.*

Hay oraciones interrogativas que no exigen contestación.
*Ejemplo:*

*¿Que si tengo sueño?*

La oración interrogativa puede convertirse en exclamativa. Eso dependerá de la actitud del hablante, de su significación.

*Ejemplo:*

*¡Cuándo volverá!*

### 3. IMPERATIVAS o EXHORTATIVAS: expresan una orden o un ruego.

*Ejemplos:*

*Ten la bondad de sentarte.*
*Cállense.*
*No te lleves el libro.*

### 4. DESIDERATIVAS: estas oraciones expresan un deseo del hablante.

*Ejemplos:*

*Desearía que me atendieras.*
*Ojalá regreses mañana.*

### 5. DUBITATIVAS: son las oraciones que expresan duda.

*Ejemplos:*

*Tal vez me compre un carro.*
*Quizá no pueda ir.*
*Probablemente iré.*

Para muchos estudiosos de la lengua, la oración exclamativa no constituye una clase de oración, sino que toda oración puede convertirse en exclamativa; eso dependerá de la expresión e intención del hablante.

Si el maestro cree conveniente enseñarla como una clase aparte, puede hacerlo. Explicará que las oraciones exclamativas expresan ironía, sorpresa, emoción, etc.

*Ejemplo:*

*¡Qué alegría siento!*

Además, cualquier oración puede convertirse en exclamativa. Dentro de esta clase de oraciones se pueden incluir las INTERJECCIONES que la gramática tradicional consideraba como una parte invariable de la oración. Insista en que la gramática estructural considera ahora que la interjección equivale a una oración completa.

*Ejemplos*:

*¡Oh!*
*¡Hola!*
*¡Bravo!*

El concepto de las diferentes clases de oraciones ya ha sido adquirido por los alumnos en los niveles anteriores.

Puede iniciarse el tema con una conversación sobre algún trozo literario conocido por los niños. También podría utilizarse una serie de láminas sobre diferentes paisajes de Puerto Rico y el Caribe.

Se escribirán en la pizarra todos los comentarios ofrecidos por los estudiantes. Se leerán las oraciones y se analizarán a la luz de la intención que se expresa en cada oración. Se leerán oraciones de diferentes trozos literarios para que los estudiantes las analicen. Los alumnos leerán todas las oraciones que expresen algo. Se llevará a los niños a que se den cuenta de que todas estas oraciones expresan algo que pasa, ha pasado o pasará.

Actividades que los niños pueden realizar:

- Localizar oraciones afirmativas y negativas en diferentes trozos literarios de las selecciones de los libro de lectura que ellos usan.
- Escribir oraciones enunciativas.
- Leer poemas, cuentos, adivinanzas, etc., para buscar oraciones enunciativas.

El maestro ofrecerá la práctica que estime necesaria para que los estudiantes puedan distinguir el contenido de las oraciones enunciativas. Además, trabajarán los ejercicios del *Cuaderno del estudiante*.

El profesor utilizará los materiales y libros de texto del grado, experiencias de los niños y todo aquello que él considere apropiado para enseñar las diferentes clases de oraciones.

Recuerde el maestro que no hay un orden al enseñar las diferentes clases de oraciones, queda a su discreción cómo hacerlo.

El maestro podrá utilizar textos como el que sigue:

## EL VENADO VANIDOSO

—¡Qué bonito soy! ¡Qué hermosas astas tengo! —decía un venado a la orilla de un río. Por primera vez contemplaba su figura en el agua y estaba asombrado de su belleza.

El venado estaba tan satisfecho de su belleza que le preguntó al agua:

—¿Verdad que soy hermoso?

—Sí, es cierto que posees unas hermosas astas —respondió el agua.

—¿No es cierto que todo en mí es hermoso? —volvió a preguntar el vanidoso venado.

—Hermoso venado, no puedo negar que tus astas son bellas; pero no todo en ti es tan bonito —dijo el agua y agregó: —Fíjate en el resto de tu cuerpo.

El venado se quedó preocupado y pensó:

—Quizá no sea tan hermoso como pensaba.

Y al bajar sus ojos vio sus pezuñas y le parecieron feísimas. Fijó sus ojos en sus piernas y se dijo: "¡Qué piernas tan flacas tengo!"

El venado quedó muy triste pensando en sus pezuñas y sus patas. De pronto su fino oído le avisó que un cazador se acercaba. Oyó también los ladridos de los perros.

—¡Tengo que correr para salvarme! ¡No quiero que me cacen!

Corrió y corrió con todas sus fuerzas hasta ponerse fuera del alcance del cazador y los perros. Para protegerse se escondió a descansar entre unas enredaderas. Cuando quiso seguir su carrera encontró que sus hermosos cuernos se habían enredado entre las ramas.

—¡Ojalá pudieran librarme de ésta! —pensó el asustado venado. Y tanto movió y haló sus astas que logró librarse.

El venado comprendió entonces que fueron sus pezuñas feas, pero firmes y fuertes, y sus patas flacas, pero muy ágiles y resistentes, las que lo salvaron del cazador y los perros. Sin embargo, sus hermosas astas lo habían enredado en las ramas.

*ESOPO*
*(Adaptación)*

Es importante conseguir que el estudiante use y reconozca las diferentes clases de oraciones y que amplíe los conceptos que ha estudiado en los niveles anteriores. El educador hará hincapié en las diferentes situaciones y necesidades que se pueden presentar en la vida para el uso de estas oraciones.

Actividades que se pueden realizar para ofrecer práctica en el uso y reconocimiento de las diferentes clases de oraciones.

- Analizar diferentes oraciones para clasificarlas por su significación.
- Leer diversos trozos literarios para señalar la construcción de las oraciones y clasificarlas por su sentido.
- Escribir oraciones originales que señalen deseos, que formulen una pregunta o expresen una duda.
- Reconocer la finalidad con que ellos se expresan en cada clàse de oración que formulen.

Una vez que los estudiantes trabajen los ejercicios del *Cuaderno del estudiante*, el maestro preparará otros ejercicios similares para aquellos estudiantes que aún tengan dificultad. Recuerde que debe ofrecer a cada alumno la oportunidad adecuada.

Una vez más, insistimos en que la actitud del que habla es el factor principal para hacer la clasificación de las oraciones que hemos indicado.

# IV. PALABRAS SEGÚN SU FUNCIÓN O CATEGORÍAS GRAMATICALES: EL SUSTANTIVO

Semánticamente, el sustantivo es la palabra con la que designamos los objetos pensándolos con conceptos independientes. Sintácticamente, el sustantivo es la palabra esencial y primaria del sujeto.

En las oraciones toda palabra tiene una función específica en cierto momento. Una misma palabra puede tener diferentes funciones en la oración.

*Ejemplo*:

*Violeta es una niña hermosa.*
Nom. propio

*Su traje favorito es color violeta.*
                                    Adj.

*El violeta es mi color favorito.*
    Sust. común

El sustantivo es una de las partes fundamentales de la oración que puede realizar la función de sujeto y otras más, como la de atributo.

*Ejemplo*:

*El niño es un príncipe.*
                    función de atrib.

Clasificación del sustantivo:

a) **COMUNES**: nombran las cosas e indican sus características.
*Ejemplos*:

*casa, pluma, libro.*

b) **PROPIOS**: nombran las cosas, pero no indican sus características.
*Ejemplos*:

*Mar Caribe, Alejandra, Puerto Rico.*

c) **INDIVIDUALES**: indican en singular una unidad y en plural un conjunto de cosas de la misma clase.

*Ejemplos*:

*carro-carros, león - leones.*

ch) **COLECTIVOS**: expresan en singular un conjunto de cosas de la misma clase.

*Ejemplos*:

*manada, rebaño, enjambre, colmena.*

d) **ABSTRACTOS**: se refieren a alguna cualidad o sentimiento.

*Ejemplos*:

*belleza, blancura, bondad, sinceridad.*

e) **CONCRETOS**: se refieren al propio ser; tienen existencia propia.

*Ejemplos*:

*roca, piel, papel, cuadro.*

El sustantivo tiene morfemas de número y algunas veces de género. Puede ampliar este aspecto en la *Gramática del maestro*.

El estudio del sustantivo y su división en comunes y propios ya ha sido adquirido por los alumnos en los niveles anteriores. La diferencia estará en la complejidad de los contenidos lingüísticos que se utilizarán en este Nivel. También se ha visto que el sustantivo es el núcleo o elemento principal del sujeto. Gradualmente, según los estudiantes adquieren experiencia y madurez, se amplían los conceptos. El maestro evaluará y diagnosticará las dificultades de los estudiantes para que ofrezca a sus alumnos la ayuda oportuna y necesaria.

La introducción de estos conceptos necesarios para el uso concreto de la lengua se logra a través de actividades y ejercicios variados, con el propósito de que los estudiantes lleguen a las conclusiones.

El maestro deberá ofrecer ejercicios frecuentes e interesantes en los conceptos enseñados, para asegurar el aprendizaje. Esta práctica deberá estar suficientemente motivada y siempre en forma *funcional*. El mantenimiento y la fijación de lo aprendido debe ser continuo.

El maestro aprovechará la oportunidad para recordar las nociones de sustantivo, nombre común y nombre propio. Además, se insistirá en las diferentes funciones del sustantivo en la oración. Se hará hincapié en la función sintáctica del sustantivo que es la palabra esencial o núcleo del sujeto.

Otras funciones del sustantivo:

a) En el modificador indirecto:

*La casa de yagua se derrumbó.*

b) En el predicado nominal:

*El niño es un atleta.*

c) En el circunstancial:

*Te veré esta tarde.*

El maestro podrá utilizar la situación que considere más apropiada para motivar el estudio del sustantivo. El educador utilizará láminas, objetos reales, experiencias de los niños o selecciones apropiadas para iniciar la conversación con los alumnos. Esta conversación deberá ser espontánea y dinámica. Varias de las oraciones que redacten los alumnos se podrán escribir en la pizarra. Los estudiantes subrayarán el sujeto de cada oración y luego el núcleo. (Utilice tizas de colores para hacer resaltar el núcleo del sujeto). Imaginemos que se habla de un paisaje marino.

*Ejemplos de oraciones que podrían surgir:*

*El mar es profundo.*
*Las aguas están agitadas.*
*Parece que las olas besan la arena.*
*Los niños hacen castillos de arena.*

Luego, se procederá al análisis de cada núcleo: ¿Qué se designa con mar? ¿Con aguas? ¿Con olas? ¿Con niños? Los estudiantes recordarán que estas palabras se refieren a personas o cosas.

El maestro, junto con los niños, preparará tres listas de sustantivos: una para designar personas, otra para designar animales y otra para designar cosas.

*Ejemplo*:

| Personas | Animales | Cosas |
|---|---|---|
| *padre* | *león* | *cielo* |
| *carpintero* | *gato* | *sol* |
| *maestra* | *mono* | *montaña* |

El educador inducirá a los estudiantes a que expliquen. Luego, pasarán a subrayar y explicar la función de los sustantivos en el siguiente romance:

### EL CONDE OLIVOS

Caminaba el Conde Olivos
la mañana de San Juan
por dar agua a su caballo
en las orillas del mar.
Mientras su caballo bebe
él se ponía a cantar:
—Bebe, bebe, mi caballo,
Dios te me libre de mal,
Dios te libre en todo tiempo
de la furia de ese mar.
Las aves que iban volando
se paraban a escuchar
porque les gustaba mucho
aquel tan dulce cantar.
La reina, que lo escuchaba
a su hija fue a buscar:
—Oye, hija, cómo canta
la sirenita del mar.
—No es la sirenita, madre,
la que dice ese cantar.
Es la voz del Conde Olivos
que por mí penando está.

*(fragmento)*

173

`Se recomienda que el maestro estudie detenidamente los ejercicios del *Cuaderno del estudiante* y determine el momento del uso de cada uno de los mismos para que los alumnos obtengan el mejor provecho de ellos.

El maestro irá evaluando progresiva y continuamente la labor que realizan los estudiantes, así como la efectividad en el uso del *Cuaderno*. El manejo del mismo tendrá una flexibilidad tal que permitirá al profesor ajustar cada ejercicio de acuerdo con el propósito u objetivo de la clase, así como con la situación particular de aprendizaje de cada niño.

Durante el estudio del sustantivo el maestro atenderá los siguientes aspectos:

— El GENTILICIO: indica lugar de procedencia de la persona. Siempre se escribe con letra minúscula. A partir de nombres de pueblo, ciudad, regiones o naciones, los alumnos formarán los gentilicios correspondientes.

(El maestro deberá tener presente que aquí atenderá al gentilicio en su función de sustantivo; hay veces en que el gentilicio tiene función de sustantivo y otras de adjetivos.)

*Ejemplos*:

Los <u>*puertorriqueños*</u> *aman su tierra.*
　　　　sustantivo
*El niño* <u>*puertorriqueño*</u> *ganó un premio.*
　　　　adjetivo

— Los sustantivos se modifican cuando se le añade un sufijo o un prefijo:

> abuela - *bis*abuela
> rey - *vir*rey
> yodo - yod*uro*
> color - color*ante*

— Los sustantivos comunes pueden derivarse de otros sustantivos comunes:

> tierra - terr*uño*
> perro - perr*era*

— Hay sustantivos que se componen de dos partes:

1. Verbo y sustantivo:

pica - flor = picaflor
gira - sol = girasol
salta - montes = saltamontes

2. Dos sustantivos:

astro - nauta = astronauta
auto - pista = autopista

Existen verbos que al añadírsele un afijo se convierten en sustantivos.

corre      corre*dor*
pelea     pelea*dor*

Los nombres PATRONÍMICOS son los que se derivan de un nombre propio.
*Ejemplo:*

*Pérez,* de *Pedro*
*Álvarez,* de *Álvaro*
*Martínez,* de *Martín.*

Hay sustantivos que no tienen forma singular.
*Ejemplos:*

*tijeras*
*diabetes*
*crisis*

Otros que no tienen plural.
*Ejemplos:*

*salud*
*fe*
*sed*

Los sustantivos COLECTIVOS son nombres que están en singular, pero designan a varias cosas o seres y entre todos forman una unidad. Estos nombres significan un conjunto y se ven como una unidad.

*rebaño*
*ejército*
*enjambre*
*público*

— Los sustantivos CONTABLES (que se pueden contar), e INCONTABLES (que no pueden contarse).
*Ejemplos:*

*CONTABLES: sillas, bloques.*
*INCONTABLES: sal, arena.*

— Los sustantivos concretos y los abstractos. Los CONCRETOS son perceptibles por los sentidos; los ABSTRACTOS existen sólo en nuestra mente; no se perciben por los sentidos.
*Ejemplos:*

*CONCRETOS: casa, caballero*
*ABSTRACTOS: honradez, bondad.*

— Los sustantivos que se usan como ambos géneros.
*Ejemplos:*

*el calor - la calor*
*el mar - la mar.*

— Los nombres propios compuestos.
*Ejemplos:*

*Mariana, Marirrosa, Rosalinda.*

El estudiante ya aprendió en el Nivel 4 a distinguir la función del sustantivo como núcleo del sujeto. Es oportuno, aunque el profesor adecuará este contenido a la madurez de sus estudiantes, que ya en este Nivel 5 amplíe a sus alumnos el conocimiento de otras funciones del sujeto. A la función de núcleo del sujeto se añadirán ahora las de objeto o complemento directo y objeto o complemento indirecto. Ésta es la finalidad de los ejercicios que aparecen en las páginas 105-107 y que sólo son una breve introducción al tema.

Recordaremos que el sustantivo tiene la función primaria de núcleo del sujeto.

En el *ejemplo*:

*Mi amigo mexicano es muy inteligente.*

El sustantivo *amigo* es el núcleo del sujeto: *Mi amigo mexicano.*

Se mostrará al estudiante cómo el sustantivo hace, también, la función de objeto directo y de objeto indirecto o de término del objeto directo y del objeto indirecto, cuando éstos forman parte de un sintagma.

En los *ejemplos*:

*Lorenzo come carne.*
*Lorenzo come carne asada.*

el sustantivo *carne* tiene función de objeto directo del verbo *come*, pues lo complementa directamente.

Para facilitar que el estudiante pueda encontrar el objeto o complemento directo se le enseñará que debe preguntar al verbo: ¿Qué cosa?

Así a la pregunta: ¿Qué cosa come Lorenzo? se responde: *carne*, o sea el objeto directo.

En el segundo ejemplo, el objeto directo es *carne asada*.

En los *ejemplos*:

*La mamá sirve la comida a su hijo.*
*La mamá sirve la comida a un hijo menor.*

El sustantivo *hijo* tiene la función de objeto indirecto del verbo *sirve*, pues lo complementa indirectamente.

Para facilitar que el estudiante pueda encontrar el objeto indirecto se le enseñará que debe preguntar al verbo: ¿a quién? o ¿para quién?

Así la pregunta: ¿A quién sirve la mamá? Se responde: *a su hijo.* O sea, el objeto indirecto.

En el segundo ejemplo, el objeto indirecto es *a un hijo menor.*

En la sección VIII. *El verbo: su significación y su función* se continuará trabajando con estos importantes conceptos.

El profesor presentará párrafos, oraciones, situaciones reales, etc., para inducir a los estudiantes a distinguir y definir los nombres propios de cosas, sitios, animales, personas. Recuerde el maestro que el nombre completo de una persona consta del nombre o nombres y los apellidos paterno y materno. Se recordará el uso de la letra mayúscula en los nombres propios.

Debemos recordar que cada niño aprende a su propio ritmo y que, por ello, el maestro tendrá en su grupo alumnos que se encuentren en diversas etapas de aprendizaje. Esto significa que unos estudiantes podrán aligerar su trabajo más que otros, lo que demanda que haya una variedad de actividades y ejercicios con los cuales se pueda atender cada situación particular.

# V. DETERMINANTES Y PRONOMBRES

Para obtener un conocimiento más preciso de los determinantes, según la gramática estructural, consulte el capítulo VII de la *Gramática del maestro*.

Semánticamente, el pronombre es distinto del nombre o hace referencia a nombres presentes o ausentes, antecedentes o consecuentes, sustituyéndolos, anunciándolos o señalándolos. Sintácticamente, podemos decir que el pronombre realiza en la oración las mismas funciones que el sustantivo.

Nótese que el pronombre puede sustituir a todo el sintagma nominal.

*Ejemplo*:

*El joven se expresa en forma correcta.*
*Él se expresa en forma correcta.*

Obsérvese que *él* sustituye todo el sintagma nominal, *el joven*.

El pronombre de 3.ª persona sustituye al nombre conocido por los que intervienen en el diálogo. Actualmente se tiende a separar las dos primeras personas de la 3.ª, puesto que realmente las formas yo y tú no sustituyen a un nombre sino que son las únicas que se utilizan para designar al que habla y al que escucha en el diálogo. No obstante, en estos niveles seguiremos considerándolas como pronombres.

El maestro utilizará el procedimiento y el material que considere apropiados para el nivel en atención a este aspecto gramatical.

Se recordará a los estudiantes que ellos han estudiando el pronombre en niveles anteriores. Se hablará sobre la función que realiza el pronombre en la oración.

Se leerá y se discutirá el siguiente texto para identificar los pronombres:

## LA CARRERA DE LOS CARACOLES

Mi papá me compró unos caracoles. Le dije a mi papá que me diese uno. Él no quiere, porque me llenará de baba. Tendré mucho cuidado al cogerlo. Luego, me lavaré bien las manos.

Él accedió y me dejó coger uno para mí y otro para mi hermanito. A él también le gustan los caracoles.

Cada uno de nosotros con nuestro caracol nos fuimos al sol. Cuando los caracolitos sintieron el calor, salieron de sus conchas y ellos empezaron a arrastrarse por el suelo.

Los echamos en apuesta. Hemos empezado a observar la lenta marcha de los caracoles, gritándoles. El mío se ha adelantado y mi hermano quiso empujar el suyo.

—¡No lo toques! ¿No ves que si lo tocas se detiene y se esconde dentro de su concha?

De todos modos, el mío llegó primero. ¡Gozamos mucho con la carrera de los caracoles!

Se subrayarán los pronombres personales, demostrativos, etc., que aparezcan en las oraciones.

Se realizarán ejercicios variados para sustituir el nombre propio o el sintagma nominal. Todo deberá presentarse dentro de un contexto lingüístico y en forma funcional.

En este Nivel 5 se estudiarán los pronombres:

1. **PERSONALES**: [1] *yo, tú, usted, él, ella, nosotros, nosotras, ustedes, ellos, ellas.*

2. **DEMOSTRATIVOS**: [2] *este, esta, estos, estas, esto; ese, esa, eso, esos, esas; aquel, aquella, aquello, aquellos, aquellas.*

3. **NUMERALES**: *uno, dos, tres*, etc.

4. **INDEFINIDOS**: *algo, alguien, nadie, unos*, etc.

5. **POSESIVOS**: *mío, mía, tuyo (a), suyo (a)*, etc.

---

[1] El pronombre de 3.ª persona sustituye al nombre conocido por los que intervienen en el diálogo. Actualmente se tiende a separar las dos primeras personas de la 3.ª, puesto que realmente las formas *yo* y *tú* no sustituyen a un nombre sino que son las únicas que se utilizan para designar al que habla y al que escucha en el diálogo. No obstante, a todos los efectos, aquí los consideramos como pronombres.

[2] De acuerdo con la Real Academia Española, se suprimen los acentos a los pronombres demostrativos siempre que no exista anfibología.

6. **INTERROGATIVOS:**

*¿Qué viste? No sé qué dijo.*
*¿Quién viene? Sabrás quién fue.*
*¿Cuál escogió? No sé cuál se llevó.*

7. **REFLEXIVOS**: *me, te, se, nos, les.*

8. **RELATIVOS**: *que, quien, quienes, el cual, cuyo,* etc.

Los pronombres, excepto los personales, los relativos y algunos indefinidos, no tienen variación de género. *Alguien, quien, nadie,* pueden referirse lo mismo a la persona masculina como femenina.

*Ejemplo:*

*Siempre hay alguien que me quiere.*

*Algo, nada, poco, mucho, todo, bastante, ¿qué?,* no se refieren a un nombre de género preciso.

El pronombre enclítico es el que se escribe junto al verbo.

*Ejemplos:*

*Arrodillóse, cogiólo, rogóselo.*

(Cuando los pronombres van enclíticos, las formas verbales conservan el acento ortográfico).

Se insiste en que la adquisición de las nociones gramaticales deben efectuarse con su significación. Además de las actividades y de los ejercicios que se sugieren (que sirven de guía al profesor) es el maestro el que determinará y seleccionará aquellos materiales que más convengan a sus estudiantes.

# VI. EL ARTÍCULO

El proceso de enseñanza se inicia con actividades de evaluación para diagnosticar las necesidades de los estudiantes. Esto le permitirá al maestro planificar las actividades de enseñanza para el futuro. Por eso, antes de iniciar cualquier enseñanza es necesario determinar qué saben los estudiantes y dónde están.

El artículo es un determinante que siempre se antepone a un nombre. Esto le da una característica particular que lo diferencia de los otros determinantes, porque no se puede utilizar en cualquier situación, sino sólo cuando el que habla y el que escucha saben de qué se habla. Estos determinantes (artículos) señalan a qué persona, animal o cosa nos referimos.

En este Nivel 5 se insistirá en el uso de los artículos (*el, la, los, las*) y en sus formas contractas, que se forman con la unión de las preposiciones *a* y *de* al artículo *el*: *al, del*.

En la gramática estructural, *un, una, unos,* y *unas* no se consideran artículos. *Un, una* son determinantes numerales y *unos, unas* son determinantes indefinidos.

El artículo y el nombre tienen que tener concordancia, es decir, concordar en género y número. Concordancia es la igualdad de género y número entre sustantivo y adjetivo, y la igualdad de número y persona entre un verbo y un sujeto.

*Ejemplos:*

*el primo*           *los primos*
(sing. masculino) (plural masculino)

*la prima*           *las primas*
(sing. femenino) (plural femenino)

El maestro seleccionará, cuidadosamente, para la enseñanza del artículo, poemas, adivinanzas, oraciones, o cualquier trozo literario como el que sigue:

## LOS LIBROS

Los primeros libros se hacían a mano. Los libros eran muy grandes. Ocupaban mucho espacio en las bibliotecas. Como se hacían a mano, ese trabajo ocupaba mucho tiempo y a muchas personas. Antes, el costo del libro era altísimo y sólo las personas adineradas podían comprarlo. En la actualidad, el libro se hace con mayor facilidad por los adelantos que tenemos. Por tal razón, los conseguimos a un costo que está al alcance de casi todo el mundo.

Se motivará a los estudiantes mediante una conversación sobre los libros y su importancia. Se leerá el párrafo. (Éste estará escrito en la pizarra o en hojas mimeografiadas.) Luego, se subrayarán los sustantivos. Se aprovechará la oportunidad para repasar el concepto del sustantivo, dando así mantenimiento a este aspecto gramatical. El maestro procederá a llamar la atención hacia las palabras que se escriben y se usan antes del nombre común. Se subrayarán con tizas de colores para resaltarlas. ¿Cuál es su función en la oración? Actúan como determinantes del sustantivo. (El maestro explicará lo que es un determinante.) Estos determinantes que siempre se usan antes del sustantivo (común) son una clase especial de morfemas llamados artículos. Insistirá en la relación de concordancia entre artículo y sustantivo.

El maestro ofrecerá diferentes ejercicios para que los alumnos señalen y usen los artículos. El profesor podrá utilizar selecciones de los libros de texto o de cualquier otro material que el maestro considere apropiado para atender las diferencias individuales de sus estudiantes. Los alumnos trabajarán en el *Cuaderno del estudiante*. El educador ofrecerá ayuda individual a los estudiantes que la necesiten.

Es importante acentuar que la enseñanza de todos estos aspectos del lenguaje debe vincularse en todo momento. Así, el alumno entenderá cómo el conocimiento de la lengua le ayuda a comprender mejor la obra literaria y todas las demás áreas del conocimiento.

# VII. EL ADJETIVO:
## SIGNIFICACIÓN Y FUNCIÓN

El adjetivo tiene una gran variedad de funciones y significaciones. El adjetivo siempre se refiere o tiene que ver con el nombre y esto es fundamental. Desde el punto de vista semántico, el adjetivo actualiza al sustantivo indicando cualidades de personas, cosas y de posesión. Siempre expresa un concepto que depende de otro.

*Ejemplo*:

Si decimos *hermoso*, lo pensamos como un concepto que depende de algún objeto. ¿Qué es lo hermoso?

El adjetivo tiene morfemas de género y/o número para su concordancia con el sustantivo.

## El género del adjetivo

a) puede tener dos formas:

*perro* <u>*lanudo*</u>    *perra* <u>*lanuda*</u>
*vaso* <u>*blanco*</u>    *tela* <u>*blanca*</u>

Si el nombre es masculino, el adjetivo estará en masculino; si el nombre es femenino, el adjetivo estará en femenino.

b) puede tener una sola forma:

*cielo* <u>*azul*</u>    *camisa* <u>*azul*</u>
*padre* <u>*feliz*</u>    *madre* <u>*feliz*</u>

(Aunque el nombre esté en masculino o femenino el adjetivo no varía.)

Si un mismo adjetivo se refiere a sustantivos femeninos y masculinos a la vez, el género se pone en masculino.

*Ejemplos*:

*El hombre y la mujer son altos.*
*El gato y la gata son bellos.*

## El número del adjetivo

Se expresa con una variación en la terminación. El número plural se forma añadiendo -s o -es al singular. Si el adjetivo termina en z se cambia la z por c y se añade -es.

*Ejemplos:*

*perro gracioso   perros graciosos*
*padre feliz      padres felices*

Las dos **funciones** principales del adjetivo son:

a) *MODIFICADOR DEL SUSTANTIVO: Contemplé la noche <u>oscura</u>.*

b) *ATRIBUTO: Camilo es <u>educado</u>.*

Hay adjetivos que poseen morfemas de grado (comparativos y superlativos). Poseen diferentes grados de significación. El adjetivo cambia de terminación y nos enseña que la cualidad se lleva a un alto grado: el **SUPERLATIVO.**

*Ejemplos:*

*grandísimo, contentísimo, pequeñísimo.*

El **COMPARATIVO** indica comparación:

<u>*más alto que*</u> *tú* (superioridad)
<u>*tan alto como*</u> *tú* (igualdad)
<u>*menos alto que*</u> *tú* (inferioridad)

Aspectos que se considerarán en la enseñanza del adjetivo:

— Adjetivos **CALIFICATIVOS:** los que indican cualidades de personas o cosas.

*Ejemplos:*

*bonita, suave, áspero.*

— Los adjetivos amplían el significado del sustantivo.
— Adjetivos que **SE DERIVAN DE SUSTANTIVOS:**

<u>*florecido*</u>*, de flor,*
<u>*arenoso*</u>*, de arena.*

— Adjetivos que **SE DERIVAN DE VERBOS**:

*saltador,* de saltar,
*lloroso,* de llorar.

— Adjetivos **APOCOPADOS**:

*gran,* de grande,
*buen,* de bueno,
*mal,* de malo.

Como el estudio de adjetivos se inició en los niveles anteriores, el maestro puede repasar con los estudiantes los conceptos aprendidos. (Por los resultados que reveló el diagnóstico, el maestro sabrá qué es lo que los niños dominan y lo que no.)

Para iniciar el tema, el maestro puede utilizar cualquier trozo literario, un juego o un poema como el siguiente:

### LA JOVEN DE LAS VIOLETAS

La bella joven de las violetas
canta y baila sin cesar.
—¡Vendo violetas hermosas!
—¡Violetas pequeñitas llevo!
—¡Violetas delicadas!
—¡Violetas tímidas por demás!
Porque tan frágil como la violeta es,
y dulcísimo su cantar.
¡Qué lindas violetas lleva!
¡Cuán feliz se sentirá!

Después de leer el poema, el maestro explicará cualquier palabra que pueda traer confusión al alumno. Luego los invitará a que subrayen los adjetivos. Inducirá a los alumnos para que determinen la función del adjetivo. Recomendamos que utilice el siguiente fragmento literario para que subrayen los adjetivos e indiquen las funciones del adjetivo (modificador o atributo):

En otras tierras más al norte que la nuestra, la primavera parece más hermosa. Donde viene de repente, donde la rigidez del invierno la hace más deseable, es donde se muestra con más pompa y estruendo. El hielo que cubre los ríos se quebranta, se rompe y baja en gruesos témpanos hacia el mar. La cándida diadema que ciñe la cima de los montes, se derrite aumentando las corrientes cristalinas. En los árboles, desnudos de follaje, brotan de improviso pimpollos y relucientes hojas. La hierba y las flores, como si hubiesen estado oprimidas bajo aquel peso, surgen por todas partes.

*JUAN VALERA*

A través de los diferentes ejercicios y de las actividades que el maestro provea, los alumnos señalarán el adjetivo en otros contextos lingüísticos. Los estudiantes notarán la concordancia entre el determinante, el sustantivo y el adjetivo.

El maestro utilizará diferentes medios para atender los aspectos que los niños deban saber en relación con el adjetivo.

Se vuele a insistir en la necesidad de que toda oración gramatical se enseñe de forma funcional.

Una vez que los estudiantes realicen los ejercicios del *Cuaderno del estudiante*, el maestro determinará si necesita ofrecer práctica adicional. No olvidará las diferencias individuales de sus alumnos.

Con la realización de los diferentes ejercicios, los alumnos distinguirán y utilizarán adjetivos correctamente.

Volvemos a recordar que el tiempo y la cantidad de ejercicios que se provea para cada actividad dependerá del grupo de estudiantes. El maestro, a base del conocimiento que tenga del grupo, determinará el número de ejercicios y las actividades que puedan llevarse a cabo durante el período de clases.

# VIII.  EL VERBO: SIGNIFICACIÓN Y FUNCIÓN

Funcionalmente, el verbo es la palabra que funciona como núcleo del predicado de la oración (predicado verbal). En cuanto a su forma, el verbo está constituido por un lexema y unos formantes. El verbo es una de las partes que varía en la oración. El verbo de una oración puede bastar por sí solo para expresar todo lo que queremos decir del sujeto. Él mismo es capaz de recibir las desinencias o morfemas de tiempo, modo, número, persona y aspecto. De ellos los exclusivos del verbo son tiempo, aspecto y modo. El TIEMPO indica el momento en que se ejecuta la acción del verbo. El MODO indica la intención del hablante en relación con la acción. El NÚMERO indica si la acción la realiza un persona o más. La PERSONA expresa si la acción la ejecuta la primera, segunda o si la realiza una tercera persona *(yo, nosotros, tú, ustedes, él, ella, ellos)*. Semánticamente, el verbo indica acción, proceso o estado.

El verbo puede estar en voz ACTIVA o PASIVA.

*Ejemplos*:

VOZ ACTIVA:

*El explorador <u>realizó</u> la primera prueba.*

VOZ PASIVA:

*La primera prueba fue <u>realizada</u> por el explorador.*

(Para más información sobre el verbo, véase la *Gramática del maestro.*)

Los alumnos, desde los niveles anteriores, saben que el verbo es la palabra principal o núcleo del predicado verbal (sintácticamente).

El maestro podría iniciar el estudio del verbo a través de un repaso sobre los conocimientos que los estudiantes tiene sobre el verbo, pero siempre de manera funcional.

El profesor podrá utilizar una selección apropiada al nivel o cualquier trozo literario para repasar esta categoría gramatical.

También podrá utilizar la siguiente fábula del prosista y fabulista español Félix Samaniego.

### LA MONA CORRIDA

Fieras, aves y peces
corren, vuelan y nadan,
porque Júpiter sumo
a general congreso a todos llama.
Con sus hijos se acerca,
y es que un premio señala
para aquél cuya prole
en hermosura lleve la ventaja.
El alto regio trono
la multitud cercaba,
cuando la concurrencia
se sentía decir: —¡La mona falta!
—¡Ya llega! —dijo entonces
una habladora Urraca
que como centinela
en la alta copa de un ciprés estaba.
Entra rompiendo filas
con su cachorro ufana,
y ante el excelso trono
el premio pide de hermosura tanta.
El dios Júpiter quiso
al ver tan fea traza,
disimular la risa,
pero se le soltó la carcajada.
Armóse en el concurso,
tal bulla y algazara
que, corrida la mona,
a Tetuán se volvió desengañada.

*SAMANIEGO*

Se leerá la fábula para que los alumnos la disfruten. (El maestro introducirá en su contexto cualquier palabra que pueda prestar confusión a los estudiantes.)

Luego, se subrayarán los verbos que aparezcan en la fábula y se indicará el tiempo en que están estos verbos. El maestro preguntará: ¿cuál es el tiempo que predomina? (presente, pasado).

¿Por qué creen ustedes que el autor utilizó, principalmente, el presente y el pasado? ¿Qué importancia tiene que el autor prefiera esta forma verbal?

Los estudiantes podrán definir funcionalmente y semánticamente el verbo. (Se explicó en el primer párrafo su función: son formas especiales del lenguaje con las que pensamos el comportamiento del sujeto —acción, pasión, estado, inacción— ante la realidad.)

Después, los estudiantes pueden redactar otras oraciones usando diferentes formas verbales. Deben trabajar sobre textos concretos para sacar las formas verbales que encuentren en los mismos y escribir los infinitivos correspondientes.

Procederán, entonces, a clasificar los infinitivos por su terminación *ar, er, ir* y así recordarán las tres conjugaciones que tenemos en español.

Podrán analizar después los predicados y determinar el núcleo del mismo. Los alumnos pueden analizar la función del verbo en las oraciones. Luego se iniciarán en el estudio de los complementos del verbo. El verbo, por su naturaleza, exige y admite complementos. Los complementos y objetos pueden ser un adjetivo, un adverbio, un pronombre, etcétera.

*Ejemplo*:

*Rafael come <u>rápido</u>.*
               adv.

El OBJETO DIRECTO es aquel elemento oracional que completa a un verbo y que guarda relación directa con el significado de éste. El objeto directo concreta o precisa uno de los muchos significados del verbo.

*Ejemplo*:

*María preparaba <u>un álbum de retratos</u>.*
                       O.D.

El OBJETO INDIRECTO es el que indica la persona o cosa receptora del significado verbal, o sea, completa al verbo indirectamente.

*Ejemplo*:

*El jardinero recogió flores para su mamá.*

O.I.

El COMPLEMENTO CIRCUNSTANCIAL expresa diversas circunstancias, a saber: lugar, tiempo, modo, cantidad, etc. Puede colocarse en cualquier lugar de la oración.

*Ejemplo*:

*Pasea con su abuela, todos los días.*

C.C.

Aspectos a los que se dará especial atención durante el estudio del verbo.

— *Tiempo de los verbos*:
Presente, pasado o pretérito y futuro.

— *Modo*:
Indicativo: *Hará calor.*
Imperativo: *¡Callad!*
Subjuntivo: *Quizá haga calor.*
(Puede decirse *quizá* o *quizás*, pues ambas formas son correctas.)

— Número: singular o plural.

— Persona que realiza la acción:
*yo, tú, él, nosotros, ustedes*, etc.

— El infinitivo: forma pura, no personal del verbo:
*cantar, sufrir, querer*

(Nótense las tres terminaciones que hay en español.)

— El gerundio: *cantando, corriendo*
Desde este grado se debe insistir en el uso correcto del gerundio. Evítese usarlo incorrectamente o abusar de él.

— El participio: *estudiado, corrido*
El participio va acompañado del verbo auxiliar *haber* (en las formas compuestas del verbo).

Voz pasiva y activa:
Activa: *El librero vende el libro.*
Pasiva: *El libro es vendido por el librero.*

Una vez que se estudien, cuidadosamente, los tiempos presente, pasado y futuro simple, el singular y el plural de los verbos, el infinitivo, etc., es conveniente ofrecer prácticas en la distinción y uso de los mismos. Es importante que en forma funcional el alumno capte qué es el verbo y su importancia en la estructura gramatical.

Los alumnos podrán completar oraciones con formas verbales adecuadas, identificar los verbos en diferentes selecciones, párrafos, etc., ver el tiempo en que están y por qué se usa un tiempo verbal.

Es fundamental que el maestro facilite una variedad de ejercicios para que los alumnos reconozcan las formas verbales y las expresen en forma correcta.

Los alumnos que puedan trabajar solos realizarán los ejercicios del *Cuaderno del estudiante*. Otros, trabajarán dirigidos por el maestro.

Insistimos, una vez más, en que el maestro evalúe constantemente para que pueda conocer dónde está el alumno y determinar si tiene que ofrecer enseñanza.

# IX. PARTES O CATEGORÍAS INVARIABLES DE LA ORACIÓN: EL ADVERBIO

El adverbio nunca cambia de forma. No responde ni a género, ni a número. Funcionalmente, el adverbio modifica al verbo lo mismo que el adjetivo modifica al sustantivo.

*Ejemplos:*

*El joven trabajó <u>bastante</u>.*
           adv.

*La joven trabajó <u>bastante</u>.*
           adv.

*Los jóvenes trabajaron <u>bastante</u>.*
            adv.

(Obsérvese que el adverbio aparece invariable en todos los ejemplos.)

Recuerde al estudiante que el adverbio puede admitir en el lenguaje coloquial algunos morfemas como:

*ligero - ligerito*
*lejos - lejísimos*

Se insistirá en el adverbio compuesto: adjetivo más *-mente.*

*favorable - favorablemente;*
*dulce - dulcemente*

El adverbio puede complementar a :
a) Un verbo:

<u>*Camina lentamente.*</u>
  V.       adv.

b) Un adjetivo:
*El cielo está <u>muy nublado</u>.*
         adv.  adj.

c) Otro adverbio:
*Llegó <u>demasiado tarde</u>.*
    adv.    adv.

193

Hay adverbios de :

| | |
|---|---|
| — NEGACIÓN: | *No regresará **jamás**.* |
| — AFIRMACIÓN: | *Llegaré, **sí**.* |
| — DUDA: | ***Probablemente** vaya.* |
| — MODO (dice cómo): | *Todo le saldrá **bien**.* |
| — TIEMPO (dice cuándo): | *Trabajó **ayer**.* |
| — LUGAR (dice dónde): | *Volveré **allí**.* |
| — CANTIDAD (dice cuánto): | *Comió **mucho**.* |

En este Nivel 5 el concepto del adverbio se amplía y se insiste en el caso de las FRASES ADVERBIALES, adverbios formados por más de una palabra: *a la ligera, de repente, a manos llenas, a la buena de Dios,* etc.

El maestro utilizará el material que considere apropiado para introducir este concepto gramatical. Recomendamos, nuevamente, que la presentación del material se haga dentro de un contexto y relacionado con la literatura. Así, de una manera práctica y funcional, el estudiante observará y podrá construir estructuras oracionales donde use el adverbio. Los alumnos reconocerán el adverbio por su uso.

Una manera de presentar el material podría ser la siguiente:

El maestro iniciará una conversación con los estudiantes sobre cualquier tema. (Puede utilizar láminas, poemas, canciones, etc.) Después se redactarán oraciones.

*Ejemplos* de oraciones que pueden surgir:

*Los jinetes cabalgaban **despacio**.*
***Pronto** supo cuál era su misión.*
*Vamos a reunirnos **aquí**.*
***Ahora** hay que ir con **mucho** cuidado.*

Se leerán las oraciones. Luego, se procederá al análisis de las mismas. El maestro podrá preguntar:

*¿**Cómo** cabalgaban los jinetes?*
*¿**Cuándo** supo **cuál** era su misión?*
*¿**Dónde** se iban a reunir?*
*¿Con **cuánto** cuidado había que ir?*
*¿**Cuándo**?*

Los alumnos reconocerán los adverbios por su uso, o sea, funcionalmente. Luego, el maestro podrá presentar una serie de adverbios para que los niños redacten oraciones con los mismos. También se podrían presentar algunos pregones, como los siguientes, para que ellos subrayen los adverbios:

- *Llevo cuidadosamente pasteles y pastelillos*
*para los niños muy estudiosos, que son bonitos.*
- *El dulce de coco llevo bien calentito*
*para que el que lo coma aprisa*
*se queme los dientecitos un poquito.*
- *Aquí, aquí, maní tostado*
*requetebién tostado.*
*No está muy crudo ni muy quemado.*
- *Chinas...*
*Sabrosas chinas, deliciosamente buenas.*
*Cambiamos rápidamente nuestras chinas por botellas.*
- *Mondonguitos que sabrosamente te dan fuerza.*
*¡Fuerza, mondongo, toallitas, vendo ahora!*
- *Llora, pronto, nene llora!*
*En este momento llora mucho,*
*para que te compren ligero mucho helado.*
- *Despierte rápido, doña,*
*que el revendón ligerito se va.*
*Compre ajíes, tomates y muchas cosas más.*

Para que los alumnos adquieran dominio en el uso del adverbio, se realizarán ejercicios y actividades variadas que el maestro provea. Además, los alumnos trabajarán los ejercicios que aparecen en el *Cuaderno del estudiante*. Si hay alumnos que necesitan aún más práctica, el maestro ofrecerá la ayuda que considere pertinente.

# X. LA PREPOSICIÓN

La preposición une una palabra con su complemento. Las preposiciones unen fundamentalmente palabras.

La muñeca *de* porcelana se rompió.

Las preposiciones son:

| | | | |
|---|---|---|---|
| *a* | *contra* | *hacia* | *sin* |
| *ante* | *de* | *hasta* | *so* |
| *bajo* | *desde* | *para* | *sobre* |
| *cabe* | *en* | *por* | *tras* |
| *con* | *entre* | *según* | |

En este Nivel 5 se estudiará, además, la relación que establece la preposición entre los elementos que une.

— Lugar:       *Está bajo la casa.*
— Tiempo:     *Préstame el libro hasta mañana.*
— Posesión:   *El libro es de mi maestra.*
— Dirección: *Camina hacia mí.*
— Compañía: *Juega con su perro.*
— Origen:     *Se siente mal desde que llegó.*
— Posición:   *Caminaba tras ella.*

Además, el maestro presentará las frases que ejercen función de preposición (*a fuerza de, en lugar de, en contra de, a favor de*).

El maestro utilizará oraciones, poemas, láminas, etc., para iniciar una conversación que le permita introducir en forma funcional este concepto gramatical.

Ofrecemos la siguiente selección para que el maestro trabaje con el educando la categoría gramatical que hemos señalado: **la preposición**.

## LAS DOS MONTAÑAS

Era un país sin nombre y sin posición geográfica: uno de esos países como los que se forjan los poetas, los soñadores o los que se dedican a fabricar cuentos fantásticos.

Una llanura sin límites; y en el centro de la llanura dos montañas, una más alta que la otra; bastante más alta, sin llegar a ser colosal. La montaña más baja era un encanto; y a no estar devorada en sus entrañas por pasiones muy parecidas a las que rodean las entrañas del hombre, hubiera podido ser muy feliz, porque era un verdadero paraíso.

*JOSÉ ECHEGARAY*

Una vez que el maestro considere que los alumnos pueden trabajar solos, pasarán a realizar los ejercicios del *Cuaderno del estudiante*.

Después que el maestro evalúe, determinará si todavía hay estudiantes que necesitan más ayuda y práctica en este aspecto gramatical.

# XI. LA CONJUNCIÓN

La conjunción une dos palabras de igual función gramatical.

a) Dos sujetos:
   *María y José miran, fijamente, a su hermano.*

b) Dos verbos:
   *¿Vamos a correr o a caminar?*

c) Dos adjetivos:
   *La familia es humilde e inteligente.*

ch) Dos sustantivos:
   *Miré la luna y las estrellas.*

d) Dos proposiciones:
   *Atardecía y el sol se ocultaba entre las montañas.*

La conjunción puede estar formada, además, por varias palabras que se unen para funcionar como conjunción.
*Ejemplos:*

| | |
|---|---|
| *no obstante* | *antes bien* |
| *ya que* | *o sea* |
| *así que* | *por lo pronto* |
| *o bien* | |

En los niveles anteriores los estudiantes ya han estudiado la conjunción. El maestro motivará el tema a través de un repaso para que los alumnos recuerden el uso y significado de la conjunción.

El profesor podrá utilizar para este repaso cualquier trozo literario apropiado al nivel. Los estudiantes identificarán las conjunciones y determinarán la función de las mismas en la oración. Redactarán oraciones donde utilicen conjunciones, así se darán cuenta de cómo estas pequeñas partículas de la oración son muy importantes.

Ofrecemos algunos acertijos del folklore puertorriqueño para que los alumnos identifiquen las conjunciones.

Un pato con una pata en un corral.
¿Cuántos patos y picos en el corral?

(Respuesta: UN PATO Y UN PICO)

Un zapatero e hija,
un sastre y su mujer
comieron nueve huevos
y todos tocaron a tres.

(Respuesta: LA HIJA DEL ZAPATERO
ERA LA MUJER DEL SASTRE.)

Tres cazadores cazando,
tres palomas van volando,
cada cual mató la suya,
no obstante, dos se fueron volando.

(Respuesta: UN CAZADOR SE LLAMABA
CADA CUAL)

Se realizarán diferentes actividades y ejercicios para ofrecer la oportunidad a los alumnos para que reconozcan y usen las conjunciones. Luego, pasarán a trabajar en el *Cuaderno del estudiante*.

# XII. OTROS RASGOS GRAMATICALES: NÚMERO Y GÉNERO

## 1. NÚMERO

En español existen dos números: singular y plural.

El número singular se refiere a una sola cosa. Cuando está en singular admite la compañía del artículo *el* o *la*, otros determinantes que le convengan o de adjetivos como *bello, bella*.

El plural se forma al añadir los morfemas *-s* o *-es* al singular. Cuando está en plural admite el artículo *los, las*, otros determinantes y las formas plurales de los adjetivos (ejemplos: *bellos* y *bellas*).

El número tiene que estar en concordancia con el sustantivo, con el adjetivo y con el verbo. (Concordancia es la igualdad de género y número entre sustantivo y adjetivo, y la igualdad de número y persona entre el verbo y su sujeto.)

En el Nivel 5 se dará mantenimiento en el reconocimiento y uso del singular y del plural; se prestará atención a casos especiales de singular y plural: palabras que se escriben igual en plural que en singular (*la dosis, las dosis*), palabras que se escriben en singular, pero que comprenden más de uno (*ejército, semillero*). Todos estos aspectos ya se han atendido durante el estudio del sustantivo, adjetivo, verbo, etcétera.

A través de varios ejercicios y del análisis de oraciones, los alumnos deben saber formar el plural de las diferentes palabras (añadiendo *-s, -es*; las que terminan en *-z*, cambian la *-z* por *-c* y se añade *-es*). Además, deben distinguir la concordancia que existe entre el artículo, sustantivo, verbo y adjetivo. Los alumnos observarán cómo el nombre determina a sus acompañantes; de manera tal, que si el número cambia en el nombre, también cambia en sus determinantes, adjetivos y verbos de la oración.

Los estudiantes trabajarán los ejercicios del *Cuaderno del estudiante*. El profesor ofrecerá ayuda individual a aquellos estudiantes que la necesiten.


## 2. GÉNERO

El género es otro rasgo gramatical, no un accidente del nombre. Los sustantivos de lengua tienen dos géneros: masculino y femenino. Pero algunos sustantivos pueden ser también neutros: *lo blanco, lo bueno.*

El género no es una variación regular del nombre pues no hay nada que indique que *lápiz* es masculino y que *cartera* es femenino. Hay muchos nombres que terminan en *a* (rana), pero hay otros que no terminan en *a* (torre). Los nombres no animados no tienen nada que indique su género: *puerta* y *cinta* son femeninos; *rocío* y *cielo* son masculinos. Las cosas no tiene sexo masculino ni femenino, pero se les atribuye uno u otro género según pueda llevar delante el artículo *el* para masculino y el artículo *la* para femenino.

El cambio de género en el nombre no siempre se hace de la misma forma. A veces, puede cambiarse la *o* o la *a*, por ejemplo: *gato - gata*, o añadir otras terminaciones, *rey - reina*. A veces, la palabra cambia por completo (*buey - vaca*).

En este aspecto gramatical, se pone al alumno en contacto con las diferentes maneras de expresar el masculino y el femenino de nombres, de personas, de animales y de cosas. Así los alumnos distinguirán y formarán el masculino o el femenino dependiendo del caso que se les dé.

Se ofrecerá a los estudiantes una serie de nombres de personas y animales para que los clasifiquen de acuerdo con su sexo, concepto que los alumnos ya han aprendido en los niveles anteriores y en el estudio de otros aspectos gramaticales. Los estudiantes formularán conclusiones respecto a la formación del femenino y del masculino.

Los alumnos pueden buscar o nombrar diferentes cosas de su pertenencia e indicar el género y luego colocarles el artículo *el* o *la, los* o *las* u otros determinantes. Ejemplos: *el lápiz, el bulto, la libreta, la goma, este lápiz, mi libreta, ninguna goma,* etc.

En este aspecto se atenderán:

— El femenino
— El masculino
— Palabras que no tienen género gramatical definido (GÉNERO AMBIGUO)

*el* calor - *la* calor,
*el* mar - *la* mar.

— GÉNERO EPICENO

*pez macho - pez hembra*
*hormiga macho - hormiga hembra.*

Para la adquisición de estos conceptos, es fundamental realizar ejercicios y actividades variadas. Así, y a través de los ejercicios que el *Cuaderno* ofrece, los estudiantes captarán el concepto de forma funcional.

Es importante que el alumno note la concordancia que tiene que haber entre el género y el número de algunas partes de la oración.

*Ejemplos:*

1. Artículo y sustantivo:

   *la silla - las sillas*
   *el coche - los coches*

2. Sustantivo, adjetivo y artículo:

   *la pluma roja - el niño bonito*
   *las plumas rojas - los niños bonitos.*

3. Adjetivos posesivos y el elemento a que se alude:

   *Ella tiene su libro.*
   *Ella tiene sus libros.*

# XIII. LA FONOLOGÍA

La Fonología es la parte de la *Gramática* que estudia los fonemas. El fonema es el sonido que el que habla desea pronunciar. El FONEMA pertenece a la lengua. La Fonología se relaciona con la Fonética en que ambas tratan de *los sonidos* de una lengua aunque desde puntos de vista diferentes.

Los fonemas se dividen en dos clases: los **consonánticos** y los **vocálicos**. Los vocálicos pueden formar sílabas por sí solos (*eu, oe, io*). Los consonánticos no pueden formar sílabas por sí solos, tienen que combinarse con los fonemas vocálicos (*ba, re, to*).

Conocer el alfabeto es imprescindible para los alumnos de este Nivel. Desde el Primer Nivel, el niño se relaciona con el alfabeto. El buen dominio del alfabeto le facilitará el uso del diccionario.

Al efecto, insistimos una vez más en la importancia de este aspecto para que así los estudiantes desarrollen y perfeccionen las destrezas en el manejo del diccionario. El aprendizaje del orden alfabético es un paso indispensable para aprender a usar el diccionario. Es necesario que los alumnos adquieran el hábito de consultar el mismo.

El uso del diccionario debe ocupar un lugar importante dentro de las actividades de los alumnos. Debemos acostumbrarles a recurrir al diccionario siempre que sea necesario.

El maestro puede dirigir a los estudiantes en una conversación acerca de las experiencias que han tenido los niños en el uso de los glosarios, diccionarios y enciclopedias.

Los educandos podrán usar los libros de lectura, un diccionario, etc., para comentar sobre su uso e importancia y consultarlos, siempre que sea necesario.

Se adiestrará a los alumnos en el orden alfabético, no sólo en lo que respecta a las letras iniciales, sino hasta la cuarta, o quinta subsiguientes.

Los ejercicios de práctica que se ofrezcan para desarrollar y mantener dichos conceptos deben convertirse en actividades continuas para los intereses y necesidades de los estudiantes.

En este Nivel 5 se induce al estudiante al reconocimiento del concepto SÍLABA. En el lenguaje oral se caracteriza porque se pronuncia con un solo impulso de la voz.

En los niveles anteriores los alumnos han estudiado las sílabas, su clasificación, división de las mismas, etc. Se repasará la clasificación de las palabras según el número de sílabas.

a) *monosílabas* (palabras de una sola sílaba):
   *es, con, tu.*
b) *bisílabas* (palabras de dos sílabas):
   *capa, fugaz, nivel.*
c) *trisílabas* (palabras de tres sílabas):
   *comedor, libreta, carreta.*
ch) *polisílabas* (palabras de más de tres sílabas):
   *escolares, caminante, estructural, interrogativo.*

Es importante insistir en este nivel, en el reconocimiento del diptongo, triptongo y hiato.

Recuerde que dedicar demasiado tiempo a una teórica y monótona enseñanza gramatical impide el desarrollo del lenguaje funcional y activo; por eso, insistimos en que estas nociones se den a base de numerosos ejercicios y alejándonos de la mera abstracción.

Se recomienda partir y utilizar los materiales apropiados en este Nivel para el desarrollo, mantenimiento y práctica de este aspecto gramatical.

El maestro proveerá ejercicios donde ofrezca la oportunidad a los alumnos de dividir palabras en sílabas y de reconocer las monosílabas, bisílabas, trisílabas y polisílabas.

Se realizarán ejercicios para que los alumnos localicen la SÍLABA TÓNICA y clasifiquen las palabras según el lugar que éstas ocupen (última, penúltima y antepenúltima). Distinguirán las palabras llanas, agudas y esdrújulas.

Después que el estudiante tenga estos conceptos claros y que estas formas gramaticales tengan sentido para él, pasará a trabajar en el *Cuaderno del estudiante*.

Lo esencial es que los conceptos se fijen en la mente del alumno, no como abstracciones, sino con representaciones de cosas significativas para él.

Para ampliar la información sobre estos contenidos, recuerde el profesor que puede acudir a la *Gramática del maestro*.

# XIV. ORTOGRAFÍA

Muchos lingüistas no consideran la ortografía como parte de la *Gramática*, pero la hemos incluido en esta Serie, ya que entendemos que es de suma importancia para el estudiante. Es el estudio de la forma de representar por medio de las letras los fonemas del lenguaje. Incluye la escritura correcta de las palabras y el uso de una serie de signos que reflejan diferentes aspectos de la significación de las palabras: mayúsculas, acento, puntuación, división silábica y abreviaturas, usos de letras que traen confusión, etc.

En el aspecto de ortografía se repasarán los siguientes puntos:

— Uso de *mb, mp, nv* y *nf*.
— Las abreviaturas de mayor uso.
— La sigla como forma de abreviar o acortar.
— Cuándo se acentúan las palabras agudas, llanas y esdrújulas.
— Monosílabos que nunca se acentúan: *fue, fui, dios, vio, dio, fe, ti, es*.
— Monosílabos que a veces se acentúan para ejercer una función particular (acento diacrítico).
— Uso del punto.
— Uso de la coma.
— Uso de los dos puntos y de los puntos suspensivos.
— Uso de las comillas.
— Uso del guión.

El profesor dispone de una información detallada de estos contenidos en la *Gramática del maestro*.

A pesar de lo sencillo que parece, la redacción de oraciones es una base sólida para que luego el alumno tenga una eficaz expresión escrita y oral. A través de diferentes ejercicios, los alumnos construirán oraciones. Se hará hincapié en el uso de la letra mayúscula al iniciarlas. Los estudiantes podrán, progresivamente, escribir párrafos y composiciones sobre diferentes temas o sobre sus experiencias.

El maestro proveerá actividades para ejercitar a los estudiantes en otros usos de la letra mayúscula, en los nombres propios, abreviaturas, etcétera.

En los Niveles anteriores los niños observaron el uso de los acentos, la coma, etc. Se familiarizaron con estos aspectos del lenguaje de forma natural. Los contactos del niño con la lengua deben ser más conscientes. Las formas gramaticales adquirirán sentido para él si se vinculan a unas experiencias reales, significativas.

Las lecciones y actividades que el maestro provea en este aspecto de ortografía deberán responder al currículo del nivel y siempre partirán de la obra literaria. De esta manera, el estudiante verá la relación que existe entre la obra literaria y la lengua.

Para ofrecer práctica en las letras de ortografía dudosa, el maestro podrá partir de un dictado o de un trabajo original. Este trabajo original puede consistir en la escritura de un párrafo, composición o diálogo. También podrá usarse una adivinanza o un poema.

El maestro deberá seleccionar textos y materiales apropiados para este Nivel.

Es importante que el maestro recalque la importancia de una buena ortografía y de cómo el uso incorrecto de una letra o signo de puntuación puede cambiar el sentido de lo que se desea transmitir.

Los trabajos que los niños realicen se corregirán con el grupo.

Se dispondrán diferentes ejercicios para ofrecer práctica en la escritura de las letras de ortografía dudosa.

Insistimos, nuevamente, en que las palabras no se presenten de forma aislada, sino dentro de un contexto lingüístico que tenga significación para el educando.

Con los ejercicios del *Cuaderno del estudiante*, los alumnos tendrán mayor oportunidad de practicar la escritura de las palabras de ortografía dudosa.

El estudiante en este nivel ya ha tenido suficiente práctica en el reconocimiento de la sílaba tónica. Además, él reconocerá qué es última, penúltima y antepenúltima sílaba.

A través de actividades variadas e interesantes y de forma exclusivamente funcional, el educador llevará a los alumnos al reconocimiento de las palabras llanas, agudas y esdrújulas.

Los estudiantes notarán la sílaba en que recae el acento de intensidad en las palabras agudas, primeramente, luego en las llanas y después en las esdrújulas.

El profesor llevará a los alumnos a inferir que de acuerdo con la sílaba que recibe el acento de intensidad, las palabras pueden ser agudas, llanas o esdrújulas. Además, llegarán a inferir cuándo se acentúan las palabras agudas, llanas y cuándo no se acentúan. Los alumnos inferirán que las esdrújulas se acentúan siempre.

Se insiste en que la adquisición de nociones gramaticales debe basarse en la práctica continua de una gran variedad de actividades siempre vinculadas a la obra literaria. Además de los ejercicios que provea el *Cuaderno del estudiante*, el profesor creará otros similares en caso de que fuera necesario, ya que es el maestro quien mejor conoce a sus estudiantes y puede determinar qué es lo más conveniente para ellos.

Generalmente, y según los alumnos crecen en experiencia y madurez, se ampliarán los diferentes conceptos gramaticales. Es recomendable que el maestro domine estos aspectos en toda su amplitud para que los simplifique a sus alumnos.

# OBSERVACIONES GENERALES

Insistimos en que la enseñanza de la gramática estructural tiene que vincularse a todos los aspectos del lenguaje. Esto contribuirá a que el alumno se dé cuenta de que son partes de un todo. Por ello, ambos puntos de estudio no deben aislarse.

El maestro debe recordar que esto es sólo una *Guía* y deberá utilizarla de forma práctica y creadora. Deberá ajustar su contenido a las necesidades particulares de sus estudiantes. El diagnóstico y la evaluación constantes le ofrecerán al maestro una visión clara del nivel de desarrollo de sus alumnos. El uso adecuado de los resultados del diagnóstico ayudará al profesor en la selección de las actividades y de los materiales apropiados para atender individualmente a sus alumnos.

La *Guía* sugiere una serie de actividades y ejercicios. Éstos son sólo ejemplos de cómo desarrollar las clases. El profesor podrá seleccionar, cambiar, sustituir o enriquecer estas actividades.

La selección última de los materiales que se utilicen es prerrogativa del maestro, pues sólo él conoce las necesidades y los intereses de sus alumnos.

No queremos terminar este trabajo sin recordarle al profesor, una vez más, que esta *Guía* no sustituirá los libros de texto que se usan en este nivel. Sólo servirá como material complementario que enriquecerá el proceso de enseñanza y aprendizaje.

El maestro debe tener en cuenta que en la *Gramática del maestro* encontrará un detallado y más amplio estudio de todos los contenidos gramaticales del Nivel.

*Guía del maestro*

Correspondiente al *Cuaderno del estudiante*
para la Serie de Gramática Estructural
ESPAÑOL PASO A PASO

**Nivel 6**

# INTRODUCCIÓN

La Serie *Paso a paso* se preparó con el fin de facilitar al estudiante y al maestro el acercamiento a la moderna gramática estructural. El enfoque tradicional hoy no tiene vigencia, ya que no responde al método científico que abarcan otras áreas importantes del conocimiento humano y que la Lingüística incorporó tardíamente.

En este Nivel 6 ya el alumno conoce la Serie, porque se inició con ella en los niveles anteriores. Conoce los vocablos técnicos del estructuralismo científico, así como el acercamiento al mismo, funcionalmente, o sea, estableciendo relaciones entre los términos lingüísticos que componen la oración. De igual forma, debe haber captado la consideración semántica (relativa a la significación) sin la cual es imposible una descripción gramatical.

Para el maestro, que con toda probabilidad pasará por un período de transición de la gramática tradicional al análisis estructural, tampoco ha de ser un grave problema, porque no se trata de un cambio drástico. En la nueva nomenclatura gramatical se conserva, esencialmente, la terminología generalmente conocida.

El maestro ha de estar alerta para que el proceso de enseñanza y aprendizaje de la gramática se armonice con los textos y con otros materiales de lectura. En ese proceso, la enseñanza gramatical se llevará siempre a cabo dentro de un contexto lingüístico o se partirá de él.

El enfoque tradicional se aparta de la sistematización que requiere todo acercamiento científico a la lengua. No puede sistematizarse si no existe una unificación. Por lo cual, es necesario lograr un acercamiento al material lingüístico por medio de una ordenación juiciosa de dicho contenido. La gramática estructural estudia las formas lingüísticas que resultan de las relaciones de los elementos lingüísticos. Éstos se estudian como parte integrante de un todo. Es esa totalidad de elementos interrelacionados lo que denominamos ESTRUCTURA. La gramática es, pues, el análisis de esas estructuras. Lo importante en este enfoque moderno es la lengua en función y la gramática al servicio de ella. La gramática y la lengua se complementan mutuamente.

En el proceso de enseñanza y aprendizaje, el maestro deberá hacer las adaptaciones que estime oportunas y deberá llevar los conceptos de la manera que él crea más conveniente, pero siempre hará un inicio correcto de los mismos. Su centro de interés y de atención, en todo momento, serán las diferencias individuales y las características especiales de su grupo, así como el desarrollo óptimo de unas destrezas lingüísticas.

En este Nivel se usarán libros de texto, adivinanzas, canciones y lecturas preparadas por el maestro. Éstas deberán responder a las particularidades del grupo de estudiantes, así como a las necesidades peculiares de cada discípulo.

Después de introducir el concepto gramatical, el alumno (dirigido por el maestro) pasará a trabajar en el *Cuaderno del estudiante*. Si el niño necesita más práctica aún, el profesor preparará otros ejercicios similares a los del *Cuaderno*. El educador ha de tener constantemente presente las diferencias en los estilos e inclinaciones de aprendizaje del estudiante y proveerá materiales didácticos que propendan a ofrecer las ayudas propias para cada educando. Al efecto, el profesor deberá utilizar siempre distintos métodos, recursos y materiales para satisfacer las diferencias individuales.

Como señalamos anteriormente, la enseñanza se dará siempre a partir de un contenido literario, nunca de forma aislada. Por medio del diagnóstico se determinará qué contenido y cuándo ofrecerlos. El diagnóstico deberá efectuarse continuamente para que el maestro pueda realizar un planeamiento eficaz que responda a las necesidades particulares de cada alumno. Por lo tanto, el momento para que el alumno trabaje en el *Cuaderno* dependerá del grado de madurez del educando.

Esta Serie no pretende reemplazar los libros de lectura que usan el estudiante y el maestro, sino que servirá como un *auxiliar* para articular la enseñanza de la gramática con la lectura y demás artes del lenguaje, así como con otras áreas curriculares. La Serie espera, además, fortalecer la enseñanza del vernáculo (español), para que de manera funcional el estudiante adquiera unas destrezas lingüísticas con dominio pleno de su lengua oral y escrita.

Deseamos advertir al maestro que en la enseñanza de la gramática no deberá exigirse, *bajo ningún concepto*, la memorización de reglas. Ya la palabra *funcional* así lo indica. La FUNCIÓN es, pues, el papel que desempeña un elemento en la estructura gramatical de un enunciado. Por lo tanto, el alumno, por medio del análisis de diferentes contenidos lingüísticos irá descubriendo y analizando las relaciones de las estructuras gramaticales.

Conviene señalar que en este trabajo hemos tenido presente el enriquecimiento del vocabulario del alumno. En consecuencia, el profesor introducirá siempre cualquier vocablo nuevo para el estudiante dentro de un contexto lingüístico.

En la redacción y selección de los contenidos lingüísticos hemos incluido materiales concernientes a otras áreas del currículo. Ello facilitará al maestro la articulación del español con las mismas. Asimismo, se incluyen aspectos referentes a todas las artes del lenguaje, ya que el profesor ha de tener presente esta relación constante. Como puede notarse, la secuencia y la profundidad son unas constantes de este trabajo.

El maestro estará muy atento a las directrices que se ofrecen en el *Cuaderno del estudiante* para clarificar cualquier duda del educando. En ocasiones, deberá completar las instrucciones que se ofrecen ya que hemos evitado preparar directrices muy complicadas o extensas. Notará el maestro, también, la preocupación por la clarificación de valores y por el desarrollo de unas actitudes óptimas.

Esperamos que esta *Guía* sea de mucha ayuda al maestro, porque así podrá comprender, en forma sencilla, la moderna gramática estructural. Esta *Guía* no pretende ser un tratado más de gramática, sino más bien un trabajo de orientación didáctica. En ella se ofrecen, además, variados ejercicios para que sus estilos de enseñanza puedan enriquecerse y ampliarse. Nuestra meta inmediata es contribuir a un mejor dominio del lenguaje y a un proceso de enseñanza y aprendizaje que se efectúe con seguridad, variedad, confianza y fe en la labor realizada.

Con esta Serie se preparó una *Gramática del maestro*. Nuestro propósito es clarificar cualquier duda del maestro y darle seguridad en el manejo de la lengua. Por lo tanto, le recomendamos que la use como libro de consulta constantemente. En ella encontrará explicaciones y ejemplos que harán que su labor le dé mayor satisfacción.

# I. LA ORACIÓN Y LOS ELEMENTOS QUE LA CONSTITUYEN

La **ORACIÓN GRAMATICAL** es una estructura básica del lenguaje que permite una mejor comunicación. Es un recurso que facilita la expresión de las ideas en forma clara y organizada. La oración gramatical tiene unidad de sentido. Tener sentido quiere decir que se declara, desea, pregunta o manda algo. Así surgen los distintos tipos de oraciones. La oración tiene sentido completo cuando refleja una determinada actitud del que habla con respecto al contenido de la expresión. Es el patrón lingüístico que sustenta un orden; está dotada de significación y es independiente, o sea, no pertenece a otra unidad lingüística mayor. La estructura de la oración se compone de una serie de funciones. Cuando hablamos de funciones queremos decir la relación que establece un término lingüístico con los demás.

*Ejemplos:*

[*La perra es muy inteligente.*]
[*Tiene una mirada penetrante.*]

Podemos reconocer la independencia de la oración por el punto en el lenguaje escrito y por la entonación y la pausa final en el lenguaje hablado.

Las **PROPOSICIONES** no son oraciones, porque forman parte de una unidad mayor (la oración). Tienen forma oracional, pero se diferencian de la oración en que no tienen independencia sintáctica. Examinemos el siguiente *ejemplo:*

[(*La perra es muy inteligente*) y (*tiene una mirada penetrante*).]

En esta estructura lingüística el maestro podrá notar que la primera parte de la oración se enlaza con la segunda por medio de la conjunción (y). Las dos unidades, aunque conservan su sentido completo, han dejado de ser independientes, ya no son oraciones, sino proposiciones. Las proposiciones se incluyen en la oración. Un mismo contenido puede variar de estructura (*forma*) y podemos tener oraciones o proposiciones. (Nótese que en el ejemplo anterior se encerró la oración entre corchetes [ ] y las proposiciones entre paréntesis ( ).

Una **PALABRA**, para que tenga significado preciso, tiene que estar en una oración.

La **MORFOLOGÍA** se encarga del estudio de los monemas y sus combinaciones. El **MONEMA** es la unidad lingüística más pequeña dotada de significación. Los monemas se dividen en dos clases: lexemas (o raíz) y morfemas.

Los **LEXEMAS** tienen significación plena, porque se refieren a objetos (nombres), acciones (verbos) o cualidades (adjetivos y adverbios). Los **MORFEMAS** poseen sólo significado gramatical y se utilizan para modificar el significado de los lexemas o para relacionarlos entre sí (prefijos, sufijos, desinencias, determinantes, preposiciones y conjunciones).

*Ejemplos:*

En el verbo *como:*

<u>com</u>       <u>o</u>
lex.      morf.
   2 mon.

*com-:* indica cierto tipo de verbo.

*-o:* indica que la persona que habla es la 1.ª del singular, tiempo presente.

En la oración:

*Mi mamá continúa inconsolable.*

son lexemas: *mamá, continu-, consol-.*
son morfemas: *mi, in-, -able.*

El estudiante de este Nivel 6 continuará enriqueciendo y limando las destrezas gramaticales adquiridas en los Niveles anteriores.

Es importante que en este nivel el maestro enfatice la enseñanza de la categoría gramatical sintagma.

El **SINTAGMA** es una estructura de la lengua que posee un sentido y una función dentro de la oración. La oración es una unidad lingüística de rango superior; el sintagma es una unidad lingüística de rango intermedio.

La palabra sintagma normalmente va acompañada de un calificativo que precisa su categoría gramatical: sintagma nominal, sintagma verbal, sintagma preposicional, etc. En este nivel sólo estudiaremos los sintagmas nominal y verbal.

El *SINTAGMA NOMINAL* (S. N.) tiene como función principal la de ser sujeto de la oración.

*Ejemplo*:

El *primo de mi amigo* / es maestro.
       S. N
       func. S.

El *SINTAGMA VERBAL* (S. V.) tiene como función la de ser predicado verbal.

*Ejemplo*:

El primo de mi amigo /*enseña Geografía.*
           S.V.
        func. predicado

En todo sintagma hay unas palabras más importantes que otras, son los **NÚCLEOS**. El núcleo (N.) del sintagma nominal es un sustantivo.

*Ejemplo*:

El *primo* de mi amigo / es maestro.
   N.
   S. N.

El núcleo (N.) del sintagma verbal en los predicados verbales es un verbo:

El primo de mi amigo /*enseña* Geografía.
           N.
         S. V.
         P.V.

Ahora bien, es importante que distinga que en los predicados nominales (formados por los verbos *ser, estar, parecer*, etc.) el núcleo (del sintagma nominal que se forme) es un sustantivo o un adjetivo:

*El primo de mi amigo* / *es <u>maestro.</u>*
N.
S. N.

Pretendemos que el estudiante de este Nivel 6 pueda analizar los elementos esenciales de la oración: la oración en su contenido y en forma, y la concordancia entre los elementos que la integran. Además, debe reconocer la oración por su sentido y por su estructura. Cuando hablamos de organizar las palabras para que tengan sentido, queremos señalar el orden que debe existir en las partes de la oración. A ese orden en la oración se le llama SINTAXIS. El orden puede ser el usual: sujeto primero y predicado después (*sintaxis regular*) o puede alterarse sin que se pierda el sentido (*sintaxis figurada o poética*).

En el análisis del concepto oracional, el estudiante deberá identificar las oraciones, las proposiciones, el sintagma nominal y el sintagma verbal. Deberá, además, saber que los cambios de posición de las palabras en la oración modifican el sentido y la idea de lo que se quiere comunicar. Los estudiantes de este Nivel estarán preparados para analizar las formas y los contenidos de las oraciones.

Es de suma importancia que el maestro efectúe un buen diagnóstico antes de iniciarlos en el estudio de las destrezas gramaticales de este Nivel. La prueba de conocimientos revelará al maestro dónde está cada estudiante y de dónde ha de partir. De esta manera, el profesor podrá atender mejor las diferencias individuales de sus alumnos. La prueba diagnóstica debe responder a las destrezas que se incluyen en los cinco Niveles anteriores.

La *Guía para el maestro* no será un patrón que se siga al pie de la letra. El profesor usará su habilidad creadora al realizar las actividades o los ejercicios que se sugieren. Tiene a su discreción adaptarlos a las necesidades particulares de su grupo. El maestro estará en libertad de seleccionar, cambiar, sustituir, enriquecer y alterar el orden de las actividades, si lo cree conveniente o si así lo exige la situación en su sala de clase.

El maestro deberá realizar actividades que sirvan de motivación y repaso en relación con los conceptos lingüísticos aprendidos sobre la oración gramatical.

Se recomienda que el educador parta de los libros de texto del nivel, de las experiencias de los estudiantes y de todo aquel material docente que él considere apropiado para estimular el desarrollo de los diversos aspectos gramaticales que se incluyen.

El maestro podrá presentar la siguiente fábula del escritor español Juan Ruiz de Alarcón, para que el alumno separe las oraciones por medio de corchetes [ ] y las proposiciones por medio de paréntesis (). Si el maestro lo cree oportuno podrá pedir a los estudiantes que separen el sintagma nominal del sintagma verbal en algunas oraciones seleccionadas de la lectura.

### EL GALGO Y EL SEÑOR

Un perro lebrero (que caza liebres) corredor y valiente, tenía cuando joven los pies ligeros y los colmillos fuertes. Él daba alcance a cuantas liebres veía, de suerte que nunca su amo regresaba sin nada cuando iba de caza. Su ama, por eso, lo alababa mucho. Pasó el tiempo y el galgo envejeció. Perdió los dientes. Ahora corría poco. Un día en que su amo se fue de caza, atrapó un conejo; pero no lo pudo retener con su débil boca. El conejo se le escapó. El cazador le hirió con un palo y el galgo se quejó y dijo: «¡Qué mundo malo! Cuando era joven me alababa mucho y ahora no valgo nada. En mi juventud jamás se me escapaba la caza y se la daba viva o muerta a mi amo. Ahora que soy viejo me esquiva.»

Algunos no se acuerdan del bien antiguo que se les hizo; siempre será pobre quien sirve a hombre malo, porque éste es incapaz de dar nada de buena voluntad y los pobres se encuentran de viejos sin amparo.

*JUAN RUIZ DE ALARCÓN*
*(Adaptación)*

Después de leer y analizar la fábula, se considerarán los siguientes puntos: clarificar los conceptos de palabra, oración, proposición y sintagma.

Se pueden leer otros trozos literarios para atender los siguientes aspectos:

a) La diferencia entre palabra, proposición, sintagma y oración.

b) La necesidad del verbo en una expresión para que ésta tenga sentido.

Los estudiantes podrán realizar ejercicios orales y escritos para:

a) Identificar proposiciones, oraciones y sintagmas.

b) Convertir proposiciones en oraciones y oraciones en proposiciones.

c) Separar las oraciones y las proposiciones en diferentes lecturas. (Use el corchete [ ] para separar las oraciones y el paréntesis ( ) para separar las proposiciones.

ch) Formar oraciones con un grupo de palabras.

Queremos recordar al maestro la necesidad de señalar que a veces una oración puede constar de una sola palabra. *Ejemplo*:

*¡Auxilio!*
*¡Amén!*

El profesor deberá insistir en el uso de la letra mayúscula al iniciar la oración, así como en la puntuación final: punto, signo de exclamación o de interrogación.

Después de que los alumnos realicen los ejercicios del *Cuaderno del estudiante*, el profesor proveerá otros ejercicios similares a aquellos estudiantes que no logren alcanzar el rendimiento que se espera de ellos. Para adquirir el dominio de las destrezas gramaticales es indispensable ofrecer una atención esmerada, práctica, intensiva y continua, y una constante corrección de la labor del educando.

Para ello, las prácticas que se ofrezcan al estudiante deberán ser significativas e interesantes.

# II. ESTRUCTURA DE LA ORACIÓN

La oración está estructurada de una manera perfecta. Su estructura se compone de funciones. Recuerde que función es la relación que establece un término lingüístico con los demás. Cada palabra tiene su función específica en la oración. La oración tiene dos funciones fundamentales: el sujeto y el predicado.

El **SUJETO** es aquello de quien se afirma o niega algo. Es el constituyente de una oración bimembre que no es el predicado.

EL **PREDICADO** es lo que se dice del sujeto. Es el constituyente de una oración bimembre que no es el sujeto.

Hay dos clases de oraciones de acuerdo con la posibilidad de dividirse o no en dos miembros o partes: **unimembres** y **bimembres**.

Las **ORACIONES UNIMEMBRES** no se pueden dividir. Tienen un solo miembro.

*Ejemplos*:

*¿Cuándo?*     *¡Llueve!*
*¡Pronto!*     *¡Ojalá!*

Las **ORACIONES BIMEMBRES** se dividen en sujeto y predicado. El sujeto y el predicado se caracterizan por la concordancia. La **CONCORDANCIA** es la igualdad de género y número entre sustantivo y adjetivo, y la igualdad de número y persona entre un verbo y su sujeto.

*Ejemplo* de oración bimembre:

*Las oejas* / *caminaban   lentamente.*
    S.                    P.

El *NÚCLEO DEL SUJETO* o del predicado es la palabra principal de cada uno de ellos. El *NÚCLEO* del sujeto es siempre un sustantivo o una expresión sustantivada. El *NÚCLEO DEL PREDICADO* es, generalmente, el verbo. El sujeto de la oración puede estar formado por una palabra o por varias que actúan como un solo sintagma (*sintagma nominal*). *Ejemplos*:

*Juan* / *llegó temprano.*
N. Suj.        P.

*El barco español* / *trajo muchos víveres.*
N. Sujeto                P.

El sujeto en estas oraciones es una sola palabra (*Juan*) o varias palabras (*El barco español*). En el segundo caso *barco* es la palabra más importante del sintagma nominal. Ésa es el núcleo del sujeto.

En el sujeto puede haber un solo núcleo. Éste es el *SUJETO SIMPLE*. *Ejemplo*:

*Las aves* / *cantan dulcemente.*
S. simple          P.

Otros sujetos tienen más de un núcleo. Son los *SUJETOS COMPUESTOS*.
*Ejemplo*:

*El ruiseñor y el turpial* / *trinan dulcemente.*
     S. compuesto         P.

Los *MODIFICADORES DEL NÚCLEO DEL SUJETO* son las palabras que modifican o complementan su significado. Van siempre subordinados al núcleo. *Ejemplo*:

*El* / *dueño* / *del carro* / *es mi tío.*
M.     N.        M.        P.
        Sujeto.

Los modificadores pueden ser de distintas clases: *directos, indirectos o* en *aposición*.

El *MODIFICADOR DIRECTO* (M. D.) se une al núcleo sin necesidad de enlace. *Ejemplo*:

*EI* / *gato* / *pequeño* / *maúlla en el rincón.*
  M.D.  N.    M.D.         Predicado
      Sujeto

El *MODIFICADOR INDIRECTO* (M. I.) se une al núcleo por medio de un enlace (E.). *Ejemplo:*

<u>Un</u> / <u>perro</u> / <u>sin</u> / <u>dueño</u> / <u>vagaba por la calle.</u>
M.D.   N.     E.     M.I.         Predicado
     Sujeto

Cuando un sustantivo o un sintagma nominal se une al núcleo del sujeto para aclararlo o precisarlo, se dice que está en **aposición**.
*Ejemplo:*

<u>José de Diego,</u> / <u>prócer de Aguadilla,</u> /escribió «<u>La canción del</u>
N.               Apos.                  <u>múcaro».</u>
    Sujeto                          predicado

El predicado, al igual que el sujeto, puede formarse con una palabra o varias que compongan un solo sintagma.
*Ejemplo:*

<u>Las niñas</u> / **hablan.**
   S.        P.
<u>Las niñas</u> / **hablan mucho.**
   S.        P.

El predicado puede ser verbal o nominal, según sea la palabra que funcione como núcleo.
El *PREDICADO VERBAL* (P. V.) es aquel cuyo núcleo es un verbo.
*Ejemplo:*

<u>El estudiante</u> / **lee mucho.**
   S.        N.
           P.V.

El *PREDICADO NOMINAL* (P. N.) es aquel cuyo núcleo es un sustantivo o un adjetivo. El predicado nominal se forma con los verbos *ser, estar, parecer,* etc.
*Ejemplo:*

<u>Su tío</u> / <u>es **médico.**</u>
  S.      N. (sust.)
         P.N.

<u>La dama</u> / está **llorosa.**
  S.      N (adj.)

El núcleo del predicado no se subordina a ningún sintagma.

El *PREDICADO SIMPLE* es el que tiene un solo núcleo (verbo para el P. V.; sustantivo o adjetivo para el P. N.).

*Ejemplo:*

<u>El joven</u> / <u>sonríe</u>
    S.        N.
               P.V.

El *PREDICADO COMPUESTO* es el que tiene más de un núcleo.
*Ejemplo:*

<u>El joven</u> / <u>sonríe y saluda.</u>
    S.       N.      N.
            P.V.    P.V.

El núcleo del predicado verbal, el verbo, admite la función de complementos. Estos complementos precisan la significación del verbo. Son: el objeto directo, el objeto indirecto, el complemento circunstancial, el suplemento, el complemento agente y el complemento predicativo. Estos complementos se estudiarán en el capítulo dedicado al verbo.

El estudio del sujeto y del predicado se realizó en los niveles anteriores. Es necesario que acerque a los alumnos al tema con un repaso sobre el sujeto y el predicado. El maestro podrá presentar las siguientes formas escritas para que los alumnos digan si son oraciones o no.

— *Gozando va por la vida.*
— *El bebé duerme tranquilamente.*
— *Mis abuelos vendrán también.*
— *Trataré.*
— *Al vaivén de las olas*
— *Un día soleado y alegre*
— *La luz de las estrellas*
— *La ternura de una madre es incomparable.*

El maestro guiará al alumno para que examine cada forma dada y determine qué le falta a algunas de las frases anteriores para convertirse en oraciones. Después de analizar cada forma escrita, los alumnos añadirán los elementos básicos necesarios para que la forma expresada tenga sentido. Luego, se separará el sujeto y el predicado en cada una de ellas. Se hará un cerco alrededor del núcleo del sujeto y otro alrededor del predicado.

El constante diagnóstico y la evaluación continua le darán al profesor una visión clara del desarrollo de sus alumnos para la posterior planificación. El uso consciente de los resultados del diagnóstico y de la evaluación ayudarán al maestro en la selección de actividades y materiales propios para la atención individual a sus estudiantes.

Es necesario, además, recordar que la enseñanza de la lengua no debe desvincularse de la enseñanza de la literatura y de las manifestaciones orales. Los temas lingüísticos deben estudiarse dentro de un contexto significativo para el educando.

El maestro podrá presentar al estudiante diferentes selecciones apropiadas al Nivel. Las mismas se discutirán. Luego, se analizarán las diversas oraciones de la selección teniendo en cuenta los siguientes aspectos:

— El sujeto (sintagma nominal):

• Palabras que puedan ser sujeto.
• Posición del sujeto.
• Clases (simple, compuesto, tácito).
• Núcleo del sujeto.
• Modificadores del núcleo del sujeto.

— Separar las oraciones en dos grupos: sintaxis regular y sintaxis figurada.

El maestro usará las selecciones que considere necesarias.

—Después se estudiará el predicado.

• Posición del predicado.
• Clases: (sintagma) verbal o nominal, simple o compuesto.
• Núcleo del predicado.
• Objetos: directo, indirecto y complementos circunstanciales.

Se realizarán ejercicios en forma oral y/o escrita para:

- Separar el sujeto del predicado.
- Distinguir el sintagma nominal del sintagma verbal.
- Seleccionar el núcleo o núcleos del sujeto y del predicado.
- Clasificar los sujetos y los predicados.
- Indicar si el predicado es verbal o nominal.
- Reconocer los sujetos que aparecen implícitos y escribir el pronombre correspondiente.

Los alumnos trabajarán en los ejercicios que ofrece el *Cuaderno del estudiante*. Una vez el profesor evalúe el aprovechamiento de los alumnos en términos de la adquisición de las destrezas y los conceptos determinará quiénes necesitan más ayuda y práctica en estos aspectos.

El maestro deberá recordar que no hay límite de tiempo y cantidad para las actividades y los ejercicios que se realicen.

Insistimos, nuevamente, en que el reconocimiento de las funciones de la oración se realicen de forma funcional y práctica.

Además, los alumnos analizarán oraciones para distinguir entre oración simple y compuesta.

La ORACIÓN SIMPLE consta de un solo sujeto y un solo predicado. *Ejemplo*:

<u>Minerva,    la diosa de la sabiduría,</u> / <u>es muy bella.</u>
              S.                                        P.

La ORACIÓN COMPUESTA puede constar de un sujeto y dos o más predicados. *Ejemplos*:

*Los niños corren, saltan y se divierten en el parque.*
*Los truenos retumban con furia y los relámpagos alumbran el cielo gris.*
*El elefante da fuertes golpes con su trompa y se defiende con sus colmillos de marfil.*

Es indispensable una evaluación constante del progreso de los alumnos. Los resultados que reflejen orientarán al profesor y le indicarán si es necesario reenseñar algún aspecto nuevamente.

# III. CLASES DE ORACIONES SEGÚN LA ACTITUD DEL HABLANTE

El sentido de la oración puede ser de distintos tipos, de acuerdo con la actitud del hablante. Las oraciones según su significación se pueden dividir en los siguientes grupos:

1. **ENUNCIATIVAS** o **ASEVERATIVAS**: son las oraciones que nos expresan algo; unas afirman y otras niegan.
*Ejemplos*:

*La tarde es gris y triste.*
*Todos los moradores del universo no son idénticos.*
*¡Qué ágiles son sus patas!*

Nótese que una oración enunciativa puede ser exclamativa (tercer ejemplo). Esto se debe a los matices en la actitud del que habla.

2. **INTERROGATIVAS**: son las oraciones que preguntan o interrogan. Las oraciones interrogativas pueden ser directas o indirectas. Las *INTERROGATIVAS DIRECTAS* se escriben entre signos de interrogación.
*Ejemplo*:

*¿Sabes dónde está el teatro?*

Las *INTERROGATIVAS INDIRECTAS* no se escriben entre signos de interrogación, pero tienen generalmente una palabra interrogativa (*qué, quién, cuándo, dónde,* etc.).
*Ejemplo*:

*Desearía saber cuándo se fue tu hermano.*

Hay oraciones interrogativas que no exigen contestación.
*Ejemplo*:

*¿Que si estoy cansada?*

La oración interrogativa puede convertirse en exclamativa, eso depende de la actitud del que habla, de su significación.

3. **IMPERATIVAS** o **EXHORTATIVAS**: estas oraciones expresan una orden, un ruego o un mandato. En la imperativa la orden es directa. *Ejemplos*:

*Ven acá.*
*Siéntese.*
*No te quedes parado.*

La exhortativa es más un mero ruego o súplica.
*Ejemplo*:

*Vuelve pronto que te necesitamos.*

4. **DESIDERATIVAS**: estas oraciones expresan un deseo del hablante.
*Ejemplos*:

*Desearía que no te fueras.*
*Ojalá te mejores pronto.*

5. **DUBITATIVAS**: son las oraciones que expresan duda.
*Ejemplos*:

*Quizá te vea otra vez.*
*Tal vez viaje durante el verano.*

Muchos estudiosos de la lengua consideran que la oración exclamativa no constituye una clase de oración, sino que toda oración puede convertirse en exclamativa. Dependerá de la expresión o intención del hablante. Si el profesor considera conveniente enseñarla como una clase aparte, puede hacerlo. Explicará que las oraciones exclamativas expresan sorpresa, emoción, ironía, etc. *Ejemplo*:

*¡Qué tristeza tengo!*

Además, cualquier oración puede ser exclamativa. Dentro de esta clase de oraciones se incluyen las interjecciones que la

gramática tradicional consideraba como una de las partes invariables de la oración.

*Ejemplos:*

*¡Bravo!*
*¡Ah!*
*¡Ea!*
*¡Hola!*

Desde los primeros niveles, los estudiantes han estado en
contacto con las diferentes clases de oraciones. En este nivel se
procederá al enriquecimiento y perfección de estos conceptos.

Para iniciar el tema, los alumnos pueden estudiar las siguientes expresiones y colocar la puntuación correcta de acuerdo
con la actitud que se quiere señalar.

*Ves mi dolor.*
*Cómo duele la maldad.*
*Partiremos tarde en la noche.*
*Vuelve a mí.*
*Puedes llegar temprano.*

Después, los alumnos las clasificarán de acuerdo con la actitud que señalaron con los signos. Entonces pueden leer y discutir el siguiente diálogo:

### SE INICIAN LAS CLASES

ALICIA: Compañeras, ¡qué alegría verlas! ¿Vieron cuántos estudiantes
    nuevos hay?
TERESA: ¡Claro!
JULIO: Chicas, ¿de quién hablan?
TERESA: De tantos estudiantes nuevos que hemos visto en la escuela
    hoy. ¿Te fijaste?
JULIO: Sí. Tal vez los conozcamos pronto.
ALICIA: Sí, pero tú te fijas en los del sexo bello.
JULIO: Eso de bello sí, pero siempre y cuando no seas tú.
TERESA: Por favor, no vayan a discutir.
ALICIA: Tengo una prima que quizá estudie aquí.
TERESA: ¿Estudiará aquí? Si es así, seremos sus amigas.

JULIO: Eso dependerá de si ella es buena gente o no.

ALICIA: Mi prima es muy simpática.

TERESA: Desearía conocerla ya. La ayudaremos mucho. ¿Tú también nos ayudarás, Julio?

JULIO: Tal vez. Tendré que pensarlo.

TERESA y ALICIA: Por favor, cállate. ¡Eres tremendo!

JULIO: ¿Soy importante? ¿Ah?

ALICIA: Julio es muy chistoso. Ya verás que serás su mejor amigo.

TERESA: Deseo saber qué sucederá. ¡Quién sabe si ...!

ALICIA: ¿Tienes clase ahora? Yo tengo clase. Adiós.

TERESA y JULIO: Adiós. Ahora no tenemos clase. Nuestra próxima clase es a las 11:00 a.m.

ALICIA: Teresa, Julio, los esperaré aquí.

Se considerarán los siguientes puntos al discutir el diálogo:

- La actitud o actitudes que asume el autor a través de todo el diálogo.
- Si el tono de voz refleja el estado de los personajes.
- Las clases de oraciones de acuerdo con la actitud del hablante.

Luego, los estudiantes podrán leer otros trozos literarios para señalar la construcción de las oraciones que forman sus párrafos y clasificar las mismas por su sentido: enunciativas (afirmativas o negativas), interrogativas (directas o indirectas) desiderativas o exhortativas. Se tendrá en consideración la actitud del que habla y los signos de puntuación que aparezcan en las oraciones. Los alumnos, además, podrán escribir oraciones originales donde narren, pregunten, expresen un deseo y una orden.

Recordará el maestro que no hay que seguir un orden específico al enseñar las clases de oraciones. Esto queda a discreción suya.

Los estudiantes trabajarán los ejercicios del *Cuaderno* y el maestro ofrecerá ayuda a los estudiantes que no puedan trabajar solos. El profesor preparará ejercicios similares a los del *Cuaderno* para aquellos estudiantes que no puedan clasificar las oraciones de acuerdo con la actitud del que habla.

El educador deberá ofrecer a cada estudiante la oportunidad adecuada a sus necesidades particulares.

# IV. EL SUSTANTIVO:
## SIGNIFICACIÓN Y FUNCIÓN

Toda palabra tiene una función específica en determinado momento dentro de la oración. Una misma palabra puede tener diferentes funciones. Por ejemplo, una palabra puede ser adjetivo algunas veces y sustantivo otras.

*Blanca es una joven inteligente.*
*(Blanca* es nombre propio).
*Llevaba una rosa blanca en su pelo.*
*(blanca* es adjetivo).

Las palabras se clasifican de acuerdo con la función que realizan en la oración.

El sustantivo es una de las partes o categorías fundamentales de la oración, que puede realizar diferentes funciones:

FUNCIONES DEL SUSTANTIVO:

• Núcleo del sujeto (sintagma nominal).
• Atributo.
• Complementos del verbo:

1. Directo.
2. Indirecto.
3. Circunstancial.

• Complemento de otros sustantivos:

1. Aposición.
2. Vocativo.

### Clasificación de los sustantivos (semánticamente)

A. Por su extensión:

1. *COMUNES*: nombran las cosas e indican sus características.
*Ejemplos*:
ropa, árboles, mesa, papá.

235

2. *PROPIOS*: señalan a alguien o algo determinado, nombran las cosas, pero no indican sus características.
*Ejemplos:*

*Océano Atlántico, Salvador Brau, Antonio, «El Nuevo Día», Leal.*

B. Por su significación:

1. *ABSTRACTOS*: son los que se refieren a algún sentimiento o cualidad. Los nombres abstractos existen solamente en nuestra mente. No se pueden percibir con los sentidos.
*Ejemplos:*

*la delicadeza, la dulzura, la fe, la caridad.*

2. *CONCRETOS*: se refieren a los que tienen existencia propia. Se perciben con los sentidos.
*Ejemplos:*

*calle, zapatos, corazón.*

C. Por su formación:

1. *SIMPLES*: son los que constan de un solo lexema.
*Ejemplos:*

*mano, cara, puerta.*

2. *COMPUESTOS*: son los que proceden de la unión de dos lexemas.
*Ejemplos:*

*parabrisas (para + brisas),*
*limpiabotas (limpia + botas).*

Ch. Por su origen:

1. *PRIMITIVOS*: son los que no provienen de otra palabra española.
*Ejemplos:*

*cosa, pan, libro.*

2. *DERIVADOS*: son los que provienen de otra palabra. Muchas veces los derivados se forman añadiendo un *prefijo* o *sufijo* al sustantivo primitivo.
*Ejemplos:*

*casona* (aumentativo)
*casita* (diminutivo)
*casucha* (despectivo)
*japonés* (gentilicio: indica que se pertenece a una nación o país).

3. *PATRONÍMICOS*: son los que se derivan del nombre del padre.
*Ejemplos:*

*Martínez,* de *Martín*
*Rodríguez,* de *Rodrigo.*

4. *DERIVADOS VERBALES Y ADJETIVALES.*
*Ejemplos:*
1) *corredor,* de *correr*
2) *dulzor,* de *dulce.*

D. Los sustantivos pueden ser individuales o colectivos:

1. *INDIVIDUALES*: indican una unidad en singular y en plural, un conjunto de cosas.
*Ejemplos:*

**Singular:** *libreta, lápiz*
**Plural:** *libretas, lápices.*

2. *COLECTIVOS*: expresan en singular un conjunto de cosas de la misma clase.
*Ejemplos:*

*ejército, enjambre, arboleda, manada.*

Desde el Primer Nivel, los alumnos han estudiado el sustantivo. En los primeros niveles, los estudiantes estudiaron una sola función del sustantivo (como núcleo del sujeto). A partir del Nivel 5, el alumno comenzó a relacionarse con las otras funciones del sustantivos que acabamos de señalar. De manera gradual y sistemática, los estudiantes han ido adquiriendo experiencia y madurez, lo que les ha permitido ampliar los conceptos que hemos incluido.

El profesor diagnosticará y evaluará las dificultades de sus estudiantes para ofrecerles la ayuda oportuna y necesaria.

El maestro podrá utilizar la situación que considere más apropiada para repasar los conceptos adquiridos sobre el sustantivo.

A continuación ofrecemos para su empleo, el siguiente fragmento del *Popol Vuh* (historia quiché de Guatemala).

### POPOL VUH

Éste es el principio de las antiguas historias del Quiché donde se referirá, declarará y manifestará lo claro y escondido del Creador y Formador que es Madre y Padre de todo.

Antes de la Creación no había hombres, ni animales, pájaros, pescados, cangrejos, árboles, piedras, hoyos, barrancos, paja ni bejucos y no se manifestaba la faz de la tierra; el mar estaba suspenso y en el cielo no había cosa alguna que hiciera ruido. No había cosa en orden, cosa que tuviese ser, si no es el mar y el agua que estaban en calma y así todo estaba dispuesto en silencio y oscuridad como la noche.

Primero fueron creados la tierra, los montes y los llanos; dividiéronse los caminos del agua y salieron muchos arroyos por entre los cerros y, en algunas y señaladas partes, se detuvieron y rebalsaron las aguas, y de este modo aparecieron las altas montañas.

Después de esto dispuso crear a los animales, guardas de los montes, al venado, al pájaro, al león, al tigre, a la culebra, a la víbora y al cantil.

Y les fueron repartidas sus casas y habitaciones.

Y, tomando cada uno su habitación y morada conforme les había repartido el Creador, habitaron la tierra.

*ANÓNIMO*

Se leerá y se discutirá la selección. Luego, se considerará la función que ejercen en la oración los sustantivos que aparecen en la misma. Se analizará cada una: ¿A quién designa *historias?*, ¿*creación?*, ¿*hombres?*, etcétera.

Los estudiantes procederán a leer los siguientes trozos literarios y subrayarán en ellos los sustantivos. Luego, determinarán si los sustantivos son concretos o abstractos.

### NO, TÚ NO SABES

No, tú no sabes abrir los capullos y convertirlos en flores. Los sacudes, los golpeas..., pero no está en ti el hacerlos florecer. Tu mano los mancha; les rasgas sus hojas; los deshaces en el polvo..., pero no les sacas color alguno, ni ningún aroma.

¡Ay, tú no sabes abrir el capullo y convertirlo en flor!

El que puede abrir los capullos, ¡lo hace tan sencillamente! Los mira nada más y la savia de la vida corre por las venas de las hojas.

Los toca con su aliento y la flor abre sus alas y revolotea en el aire; y le salen sonrojados, sus colores, como ansias del corazón; y su perfume traiciona su dulce secreto.

¡Ay, el que sabe abrir los capullos, lo hace tan sencillamente!

*ANÓNIMO*

### CREACIÓN DE LAS COSAS

Los dos grandes dioses, Tezcatlipoca y Quetzalcóatl, hicieron bajar del cielo a la señora de la Tierra. Era un monstruo grandioso, lleno de ojos y bocas en todas sus coyunturas. En cada articulación de sus miembros tenía una boca y con sus bocas sin número mordía, cual muerden las bestias. El mundo está lleno de agua, cuyo origen nadie sabe. Por el agua iba y venía el gran monstruo de la Tierra. Cuando la vieron los dioses, uno a otro se dijeron: «Es necesario dar a la Tierra su forma.» Entonces se transformaron en dos enormes serpientes. La primera asió al gran monstruo de la Tierra desde su mano derecha hasta su pie izquierdo, en tanto que la otra serpiente, en la que el otro dios se había mudado, la tiraba desde su mano izquierda hasta su pie derecho. Una vez que la han enlazado, la aprietan, la estrechan, la oprimen con tal empuje y violencia que al fin en dos partes se rompe. Suben la parte inferior y de ella hacen el cielo, bajan la parte superior y de ella forman la Tierra. Los demás dioses veían y se llenaban de vergüenza, al pensar que ellos mismos nada semejante habían podido hacer.

*ANÓNIMO*

Los estudiantes pueden seleccionar una lista de los sustantivos identificados en los trozos literarios y escribir el diminutivo y el aumentativo de cada uno de ellos.

Así, el maestro presentará las diferentes clasificaciones (semánticas) del sustantivo. Utilizará el material que considere apropiado para el desarrollo de las destrezas relacionadas con el sustantivo.

Deseamos advertir que es importante que proceda con cautela en la enseñanza de las distintas funciones del sustantivo. No queremos que el estudiante pueda confundirse; y si el profesor cree que debe limitarse sólo a algunas de las funciones, así deberá hacerlo. Para ello, tomará siempre en consideración las diferencias individuales y grupales de sus alumnos.

Recomendamos que el profesor estudie detenidamente los ejercicios del *Cuaderno del estudiante* y determine cuándo debe usar cada uno de los mismos para que los alumnos obtengan el mejor provecho de ellos.

Se sugiere, también, que el maestro provea diversas actividades para comprobar hasta qué punto los alumnos han desarrollado las destrezas relacionadas con la identificación y el uso adecuado del sustantivo.

Se evaluará continua y progresivamente la labor que realizan los alumnos, así como la efectividad en el uso del *Cuaderno*. El manejo del mismo tendrá una flexibilidad tal que permitirá al maestro ajustar cada ejercicio de acuerdo con el objetivo o propósito a alcanzar, así como la situación particular de aprendizaje de cada alumno.

El maestro deberá recordar que cada alumno aprende a su propio ritmo y que, por ello, el educador tendrá en su grupo estudiantes que se encuentran en diversas etapas de aprendizaje.

Por tanto, el profesor ajustará su enseñanza a todos estos principios pedagógicos.

# V. DETERMINANTES Y PRONOMBRES

Desde el punto de vista semántico, el pronombre es sustituto del sustantivo o sintagma nominal, hace referencia a nombres presentes o ausentes, precedentes o consecuentes, sustituyéndolos, anunciándolos o señalándolos. Prácticamente, podemos decir que el pronombre realiza en la oración las mismas funciones que el sustantivo.

En el siguiente ejemplo puede notarse cómo el pronombre sustituye al sintagma nominal.

*Ejemplos*:

<u>*Los niños*</u> *se divierten en la fiesta de cumpleaños.*
Sintagma
nominal
sujeto

<u>*Ellos*</u> *se divierten en la fiesta de cumpleaños.*
Pron.
sujeto

*Ellos* sustituye al sintagma nominal *los niños*.

El SINTAGMA es el conjunto de dos o más palabras que posee un sentido y una función dentro de la oración.

Los DETERMINANTES constituyen una clase de morfemas que actualizan al sustantivo (*El libro; **tres niños; algunas señoras**,* etc.). Suelen ir antepuestos al sustantivo y **se pueden convertir en pronombres** (*Me gusta **éste; algunos** no vinieron,* etc.).

Es en el grupo de los llamados por la gramática tradicional adjetivos determinativos (demostrativos, posesivos, indefinidos, numerales, distributivos, interrogativos y exclamativos) donde encontramos los principales determinantes. El artículo puede considerarse como una clase especial de determinante.

## Clasificación de los pronombres

1. *PERSONALES*: [1] *yo, tú, usted, él, ella, nosotros, nosotras, vosotros (no usado en Puerto Rico), ustedes, ellos y ellas.*

2. *DEMOSTRATIVOS*: [2] *este, esta, estos, estas* (señalan el objeto cercano al que habla); *ese, esa, esos, esas* (señalan el objeto cercano a la persona con quien se habla); *aquel, aquello, aquellos, aquellas* (señalan el objeto distante).

3. *NUMERALES*: *un, dos, tres,* etc.

4. *INDEFINIDOS*: *algo, alguien, nadie, uno, varios,* etc.

5. *POSESIVOS*: *mío, tuyo, suyo, nuestro, vuestro, suyo* (y sus plurales).

6. *INTERROGATIVOS*: *quién, quiénes, qué, cuál, cuánto.*

7. *REFLEXIVOS*: estos pronombres funcionan siempre como objeto directo e indirecto, nunca como sujeto. Sus formas son:

| Singular | Plural |
|---|---|
| m e | n o s |
| te | o s |
| se | s e |

*Ejemplos:*

*Me* peino.
*Te* afeitas todos los días.
*Ella* se *lava las manos.*
*Os* preparasteis *el desayuno.*

8. *RECÍPROCOS*: expresan reciprocidad de una acción. Siempre funcionan como objeto directo o indirecto. *Ejemplo:*

*Ana y Luisa* se *saludaron con cariño.*

---

[1] El pronombre de 3.ª persona sustituye al nombre conocido por los que intervienen en el diálogo. Actualmente se tiende a separar las dos primeras personas de la 3.ª, puesto que realmente las formas *yo* y *tú* no sustituyen a un nombre sino que son las únicas que se utilizan para designar al que habla y al que escucha en el diálogo. No obstante, a todos los efectos, aquí los consideramos como pronombres.
[2] De acuerdo con la Real Academia Española, se suprimen los acentos a los pronombres demostrativos siempre que no exista anfibología.

El pronombre *se* indica que Ana saludó a Luisa con cariño y que Luisa, a su vez, saludó a Ana con cariño. La acción es recíproca.

Los pronombres recíprocos sólo tienen tres formas: *nos, os, se.*

*Ejemplos:*

**Nos** *queremos.*
**Os** *saludasteis.*
**Se** *pelearon.*

9. RELATIVOS: *que, el cual, los cuales, las cuales, quien, quienes, cuyo, cuya, cuyos, cuyas.*
*Ejemplos:*

*La joven* **que** *viste anoche es mi amiga.*
*Las frutas* **que** *trajiste estaban sabrosas.*
*El joven,* **el cual** *es muy chistoso, no vino.*
*La señora con* **quien** *vine es muy amable.*

El profesor utilizará el procedimiento y el material que considere apropiado para atender este aspecto gramatical.

El maestro podrá iniciar una conversación informal con los estudiantes sobre los siguientes aspectos:

a) Repaso del concepto de pronombre.
b) Función que realiza el pronombre en la oración.

Sugerimos algunas actividades que pueden realizarse. El educador está en libertad de enriquecerlas, crear otras o sustituirlas, si lo cree conveniente o si así lo precisa la situación en su sala de clases.

Se leerá el siguiente trozo literario de uno de los grandes creadores de la lengua castellana, el infante don Juan Manuel. Él provenía de la familia real española. Redactó el siguiente ejemplo del hombre que·cazaba perdices. Los estudiantes identificarán en él los pronombres, harán una lista de ellos y luego los clasificarán.

## DE LAS PERDICES

Un hombre tendía sus redes a las perdices y, en cuanto éstas caían en la red, el cazador las sacaba y las mataba.

Mientras mataba las perdices dábale el viento en los ojos tan recio que le hacía llorar. Una de las perdices que estaban vivas en la red comenzó a decir:

—Vean, amigas, lo que hace el hombre éste. Aunque él nos mata, sepan que él tiene gran pena por nosotras, y por eso está llorando. ¿No ven ahí qué buen hombre, quien llora cuando nos mata?

Y otra perdiz que estaba por allí, mucho más sabia, y que con la sabiduría de ella se guardaba de caer en la red, respondióle así:

—Amiga, mucho agradezco yo a Dios, porque me guardó de caer en la red y ruego a Dios que me guarde a mí y a todos mis amigos de quien me quiere matar y hacerme mal y me dé a entender que le pesa mi daño.

*DON JUAN MANUEL*

Todos los ejemplos del libro los termina don Juan Manuel con una estrofa de dos versos (moraleja). La de éste dice así:

«No pares mientes [3] a ojos que lloran.
Mas sólo a manos que laboran.»

Nos enseña que no atendamos a las palabras, sino a las obras.

Luego, el maestro presentará ejercicios variados para la identificación y clasificación de los pronombres. Todo deberá presentarse dentro de un contexto lingüístico y funcional.

El maestro podrá precisar y ampliar la diferencia entre determinante y pronombre en el capítulo correspondiente de la *Gramática del maestro.*

---

[3] *No pares mientes:* no prestes atención.

# VI. EL ARTÍCULO

El moderno estructuralismo considera el artículo como una clase especial de determinante, porque concreta o actualiza al sustantivo. El artículo siempre se antepone al nombre. Ésta es una característica particular del artículo, porque no puede utilizarse en cualquier situación, sino sólo cuando el objeto está determinado, o sea, cuando el que habla y el que escucha saben de qué se trata. El artículo señala a qué persona, animal o cosa nos referimos.

Ya los estudiantes han trabajado actividades de inicio y desarrollo en la destreza de identificación y uso correcto de los artículos (*el, los, la, las*). En este Nivel 6 se ofrecerán actividades de enriquecimiento.

Cuando el artículo *el* se une a las preposiciones *de* y *a*, forma los ARTÍCULOS CONTRACTOS: *al* y *del*.

Cabe recordar que en la gramática estructural, *unos* y *unas* no se consideran artículos, sino determinantes indefinidos y *un, una* determinantes numerales.

El artículo y el nombre concuerdan en género y número.

*Ejemplos*: *el cristal - los cristales; la rana - las ranas.*

El maestro puede seleccionar, cuidadosamente, cualquier material que considere apropiado e interesante para trabajar esta destreza. Podrá utilizar poemas, adivinanzas, oraciones, cualquier trozo literario; a continuación les presentamos un fragmento del chileno José Victorino Lastarría:

ROSA

*Episodio histórico*

I

El 11 de febrero de 1817, la población de Santiago estaba dominada de un estupor espantoso. La angustia y la esperanza, que por tantos días habían agitado los corazones, convertíanse entonces en una especie de mortal abatimiento que se retrataba en todos los semblantes. El ejército independiente acababa de descolgarse de los nevados Andes y amenazaba de muerte al poder español: de su triunfo pendía la libertad, la ventura de muchos, y la ruina de los que, por tanto tiempo, se habían señoreado en el país, pero ni unos ni otros se atrevían a descubrir sus temores, porque sólo el indicarlos podría haberles sido funesto.

La noche era triste: un calor sofocante oprimía la atmósfera, el cielo estaba cubierto de negros y espesos nubarrones que a trechos dejaban entrever tal cual estrella empañada por los vapores que vagaban por el aire. Un profundo silencio que ponía espanto en el corazón y que de vez en cuando era interrumpido por lejanos y tétricos ladridos, anunciaba que era general la consternación. La noche, en fin, era una de aquellas en que el alma se oprime sin saber por qué, le falta un porvenir, una esperanza; todas las ilusiones ceden...

*JOSÉ VICTORINO LASTARRÍA*

Después de la debida motivación y lectura del fragmento, se procederá a subrayar los sustantivos para mantener el adiestramiento en la identificación del sustantivo. Después, se llamará la atención respecto a las palabras que están escritas delante del sustantivo. (Se pueden subrayar con tizas de colores para hacerlas resaltar.) Se repasará la función del artículo en la oración (actúan como *determinantes* del sustantivo).

El profesor ofrecerá actividades para observar la concordancia entre el artículo y el sustantivo. Por ejemplo, puede proveer una lista de palabras para que los alumnos le añadan el artículo que le corresponda a cada una.

Se ofrecerán ejercicios y actividades variadas para que los estudiantes señalen, añadan y usen los artículos.

Cuando el educador considere oportuno, llevará a los alumnos a trabajar en el *Cuaderno del estudiante*. Luego, realizará ejercicios adicionales con aquellos educandos que lo necesiten.

# VII. EL ADJETIVO

Sintácticamente, el adjetivo tiene dos funciones principales: **MODIFICADOR DEL SUSTANTIVO** y **ATRIBUTO**.

*Ejemplos:*

El *hermoso* flamboyán adorna la carretera.
(*hermoso* modifica a *flamboyán*)

La casa está *abandonada*.
(*abandonada* es atributo de *casa*).

El adjetivo tiene siempre que ver o se refiere al nombre. Semánticamente, el adjetivo indica cualidades de personas y cosas. Expresa un concepto que depende de otro.

Si decimos *raro*, lo pensamos como un concepto que depende de algún objeto: ¿Qué es lo raro?

*Por ejemplo:*

El hombre es **raro**

El adjetivo tiene morfemas de número y/o de género para su concordancia con el sustantivo.

## A. EL **GÉNERO**

1. Puede tener dos formas:

— Si el nombre está en masculino, el adjetivo debe estar en masculino:

*gato blanco*

— Si el nombre está en femenino, el adjetivo debe estar en femenino:

*gata blanca*

2. Puede tener una sola forma:

Aunque el nombre esté en masculino o femenino, el adjetivo no varía:

*hombre feliz, mujer feliz*

Cuando en una oración aparecen juntos sustantivos masculinos y femeninos, el adjetivo se pone en masculino:

*Los niños y las niñas son educados.*

*Este hombre y esta mujer son honrados.*

## B. EL **NÚMERO**

Se expresa con una variación en la terminación. El número plural se puede formar al añadir *-s* o *-es* al singular.

Si el adjetivo termina en *-z*, cambia la *-z* por *-c* y se añade *-es*.
*Ejemplos:*

*conejo lanudo - conejos lanudos*
*perro fiel - perros fieles*
*madre feliz - madres felices*

## C. EL **GRADO**

Las cualidades que expresan los adjetivos pueden darse en diferentes cantidades o grados. Los adjetivos poseen diferentes grados de significación. Cambian de terminación y nos señalan que la cualidad se lleva a un alto grado, el SUPERLATIVO.
*Ejemplos:*

de *bueno* - **buenísimo**
de *lindo* - **lindísimo**

El COMPARATIVO indica comparación.
*Ejemplos:*

**más** *pequeña* **que** *tú* (Superioridad)
**tan** *pequeña* **como** *tú* (Igualdad)
**menos** *pequeña* **que** *tú* (Inferioridad)

Antes de presentar el adjetivo calificativo es oportuno que el maestro recuerde, si bien esta materia no formará parte de este *Nivel*, que para la gramática estructural existen dos grupos principales de modificadores del núcleo (sustantivo) del sintagma nominal:

1. El determinante.
2. El adjetivo.

## 1. EL DETERMINANTE

Los determinantes están formados por lo que la gramática tradicional llamaba:

—Adjetivos demostrativos: (*Ese libro. Este pastel*, etc.)
—Adjetivos posesivos: (*Mi libro. Tu lápiz*, etc. )
—Adjetivos indefinidos: (*Ninguna persona. Alguna cosa,* etc.)
—Adjetivos numerales: (*Dos casas. Diez leones*, etc.)
—Adjetivos distributivos: (*Cada obrero. Ambos amigos. Sendos diplomas.*)
—Adjetivos interrogativos: (*¿Qué hora es?¿Cuántos días son?¿Cuál maestro dices?*)
—Adjetivos exclamativos: (*¡Qué calor! ¡Cuánto dinero!*)
—Y el artículo, que es una clase especial de determinante.

## 2. EL ADJETIVO

Los adjetivos calificativos explican o especifican la significación del sustantivo. Por eso se dividen en **especificativos** y **explicativos**.

Los *ESPECIFICATIVOS* se colocan generalmente después del sustantivo y sirven para destacar ese sustantivo en particular del grupo de personas, animales o cosas al que pertenecen.

*Ejemplos*:

*Juan vendió el carro <u>viejo</u>.*
*Los alumnos <u>estudiosos</u> fueron premiados.*
*Éste es un día <u>caluroso</u>.*

Los *EXPLICATIVOS* o epítetos se sitúan antes o después del sustantivo y añaden cualidades al mismo. Ofrecen colorido y elegancia al lenguaje.

*Ejemplos*:

Conocimos a tus <u>amables</u> padres.
La <u>verde</u> hierba crece en el jardín.
Ésta es mi <u>bella</u> esposa.

En este Nivel los adjetivos sólo se estudiarán bajo el denominador común de calificativos.

Si el maestro lo cree oportuno y el desarrollo de sus estudiantes lo posibilita, podrá comenzar a llamar determinantes a las categorías que hemos señalado en el apartado 1.

Los ADJETIVOS CALIFICATIVOS son los que indican cualidades de personas o cosas.
*Ejemplos*:

madera **áspera**
**dura** superficie

Los adjetivos amplían el significado del sustantivo. Hay adjetivos que se derivan de:

1. *Sustantivos. Ejemplos*:

**acuoso**, de *agua*
**polvoriento**, de *polvo*

2. *Verbos. Ejemplos*:

**andador**, de *andar*
**trabajador**, de *trabajar*

Además, existen los ADJETIVOS APOCOPADOS:

bueno - **buen**
malo - **mal**
grande - **gran**

Muy pocos adjetivos admiten apócope.

El adjetivo puede sustantivarse, en este caso hace las funciones del sustantivo.

*Ejemplo:*

*Lo malo siempre resalta.*
   S.
*Todos aprecian lo noble.*
        O. D.

El maestro determinará hasta qué grado se dominan o no las destrezas de identificación y uso del adjetivo

Podrá acercar a los niños al tema a través de la lectura de un poema, un cuento o cualquier fragmento literario que considere apropiado para los alumnos de este Nivel. Podrá utilizar uno como el siguiente:

### LA PRIMAVERA

La bella primavera ha entrado en mi cuerpo con sus verdes hojas y sus hermosas flores. Toda la mañana están las abejas zumbando en mí; y los vientos ociosos juegan con mis sombras.

Una dulce fuente mana del corazón, de mi joven corazón; la alegría lava mis ojos como el rocío de la clara mañana; y la vida tremola en todo mi ser, como la fina cuerda de un laúd.

¡Amor de mis días sin fin, solitario vagabundo de las costas de la vida, donde se derrama el mar alto; no revolotean alrededor de ti las mariposillas multicolores de mis sueños! ¿No es este eco de mis cavernas oscuras, el eco de tus dulces canciones?

*ANÓNIMO*

Antes de la lectura de la selección, el maestro procederá a clarificar cualquier palabra que pueda traer confusión a los alumnos. Los estudiantes subrayarán todos los adjetivos. Indicarán la función de ellos en las oraciones. Determinará si el adjetivo está antepuesto (antes del sustantivo) o pospuesto (después del sustantivo).

Además, analizarán la concordancia entre el artículo, el adjetivo y el sustantivo.

El maestro utilizará diferentes medios y todos los materiales apropiados a este Nivel para que los alumnos trabajen con la función de atributo del adjetivo.

*Ejemplo*:

*El niño parece <u>inteligente</u>.*
*Este gato es <u>elegante</u>.*

Una vez que realicen los ejercicios del *Cuaderno del estudiante*, el profesor determinará si necesita ofrecer ejercicios adicionales.

Insistimos una vez más en la necesidad de llevar la noción de gramática de forma funcional.

Recordará el maestro que el tiempo y el número de ejercicios que se provea para cada actividad dependerá en gran medida del grupo de estudiantes. A base del conocimiento que el maestro tiene de su grupo podrá determinar cuándo debe pasar a otro aspecto diferente. No olvidará el diagnóstico y evaluación continua para saber dónde está cada estudiante.

# VIII. EL VERBO: SIGNIFICACIÓN Y FUNCIÓN

Sintácticamente el verbo es la palabra que funciona como núcleo del predicado de la oración predicativa (de predicado verbal). El verbo es una de las categorías variables de la oración. Semánticamente, indica acción, proceso o estado. Recibe las desinencias o morfemas de tiempo, modo, número, persona y aspecto.

El **MODO**: indica la intención del hablante con relación a la oración (*indicativo, subjuntivo* e *imperativo*).

El **TIEMPO**: indica el momento en que se ejecuta la acción del verbo (*presente, pasado* o *pretérito* y *futuro*).

El **NÚMERO**: indica si la acción la realiza una persona o más de una (*singular o plural*).

La **PERSONA**: expresa si la acción la ejecuta la primera (*yo, nosotros*), la segunda (*tú, usted, ustedes*) o la tercera (*él, ella, ellos, ellas*).

El verbo puede estar en **VOZ** *activa* o *pasiva*.

*Ejemplos*:

Voz activa: *Felipe dibujó el mapa.*

Voz pasiva: *El mapa fue dibujado por Felipe.*

El verbo, por su naturaleza, admite y exige más complementos que ninguna otra categoría gramatical. Las palabras y sintagmas que pueden desempeñar la función de complementos del verbo son:

—Un adjetivo: *Carmita anda feliz.*

—Un adverbio o locución adverbial: *Raúl vive cerca.*

—Un sintagma nominal o preposicional: *Regalé una revista.*

—Un pronombre: *Te compré un dulce.*

—Otro verbo en forma no personal, con o sin preposición: *Quiero jugar.*

—Una proposición: *Deseo que vengas el sábado.*

En los Niveles anteriores, los alumnos han estudiado el verbo y su función. El maestro podrá ofrecer, al efecto, un breve repaso sobre los conocimientos que los estudiantes tienen en relación con el verbo.

Corresponde al maestro determinar qué es lo que los educandos no dominan aún sobre el verbo y quiénes todavía necesitan atención individual en este aspecto.

El educador podrá utilizar cualquier selección apropiada para el grado o cualquier fragmento literario que crea conveniente para repasar.

A continuación, le ofrecemos una narración que podrá utilizar.

## SULTÁN

Sultán, el perro de Pedruquito, era algo muy importante en su vida. Negro y grande, de recio cuerpo y hocico lobuno, Pedruquito lo encontró abandonado cuando era sólo un cachorrito, y se dijo: «Yo te cuidaré.»

Lo llevó a su casa y lo alimentó con leche de cabras. El animal fue creciendo a su lado y ahora era su compañero inseparable en todas sus aventuras por el bosque.

Aquella tarde ya casi había oscurecido cuando Pedruquito y Sultán regresaban de visitar a Tanamá. Comentaban sobre el collar y acerca de Trueno, el cacique de quien habían oído hablar en muchas ocasiones. Caminaban contentos por las ya oscuras veredas de la selva cuando Sultán se detuvo muy nervioso al lado de su amo. Al tocar la cabeza del perro el niño se dio cuenta de que algo malo sucedía. Aquél olfateaba la brisa y gruñía al percibir que un peligro se acercaba.

—Quieto, Sultán —le ordenó cuando él quiso adelantarse para investigar.

El bosque, sumido ya en la oscuridad, estaba lleno de rumores misteriosos. El animal seguía inquieto, nervioso. Su aspecto noble y dócil había cambiado. Se veía fiero y dispuesto para pelear. Su intranquilidad aumentó cuando vio brillar en la oscuridad dos pequeñas luces: los ojos del enemigo.

—No te muevas —repitió el niño.

Momentos después un bulto negro brincó sobre ellos. Sultán, que esperaba el ataque, no fue tomado por sorpresa. Pedruquito no podía distinguir si el atacante era un lobo, un tigre pequeño, un lince o qué otra fiera.

Minuto tras minuto los animales pelearon una lucha recia, cortante, llena de gruñidos y usando los dientes y las garras. No hubo el más leve grito de dolor. Fue una pelea a muerte y sólo la muerte pudo terminarla cuando Sultán resultó vencedor. Entonces Pedruquito se le acercó para preguntarle cómo se sentía.

—Muy mal, mi amo. Era un chacal sanguinario el que acabo de matar.

Ya en la casa el niño curó y vendó las heridas de su perro. Eran lesiones que tardarían en sanar. Por eso, durante varios días, no podría acompañar a su dueño en las salidas a la selva.

ANÍBAL DÍAZ MONTERO
*Pedruquito y sus amigos (Adaptación)*

Se procederá a su lectura y análisis. El maestro deberá presentar al estudiante cualquier palabra que pueda ofrecerle confusión en alguno de los contextos lingüísticos.

Se subrayarán los verbos. Luego se indicará el tiempo en que está cada uno (presente, pasado, futuro) y se analizarán las formas no personales del verbo: infinitivo, gerundio y participio. El maestro preguntará: ¿Cuál es el tiempo verbal que predomina? El alumno debe explicar con ejemplos. Luego dirá: ¿Por qué creen ustedes que el autor utilizó principalmente el pasado o pretérito?

Se buscarán los verbos que están en infinitivo. (Explicar.) ¿Hay algún gerundio? (Explicar.) ¿Hay participios?

Los estudiantes podrán definir semántica y sintácticamente (significado y función) qué es un verbo.

Además, podrán redactar oraciones usando diferentes formas verbales, completar oraciones con la forma del verbo que corresponda y localizar los complementos verbales (directo, indirecto, circunstancial).

Se deberá trabajar sobre textos concretos para sacar las formas verbales que haya en los mismos y para que luego escriban junto a las formas verbales los infinitivos correspondientes. Los alumnos podrán clasificar los infinitivos por su terminación (*ar, er, ir*).

Los educandos deben analizar la función del verbo en las oraciones. (El verbo es el núcleo del predicado verbal.) El maestro dará atención especial a los siguientes aspectos:

- TIEMPO: *Presente, pretérito, futuro.*
- MODO: *Indicativo: <u>Hará</u> calor.*
  *Imperativo: <u>Habla</u> alto.*
  *Subjuntivo: Quizá <u>haga</u> calor.*
- NÚMERO: *Singular y plural.*
- PERSONA: Reconocer la persona que realiza la acción:
Primera singular: *yo;* primera plural: *nosotros;* segunda sin
gular: *tú, usted;* segunda plural: *vosotros, ustedes;* tercera
singular: *él, ella;* tercera plural: *ellos, ellas.*

- FORMAS NO PERSONALES:
1. El INFINITIVO: *andar, correr, salir.*
   (Nótense las tres terminaciones del infinitivo.)
2. El PARTICIPIO: *terminado, rodeado, leído, partido.*
3. El GERUNDIO: *saltando, jugando, comiendo.*
4. *VOZ PASIVA y ACTIVA.*
*Ejemplos:*

<u>José Gautier Benítez</u> escribió <u>«Canto a Puerto Rico».</u>
    (voz activa)                    (voz activa)

<u>«Canto a Puerto Rico» fue escrita por José Gautier Benítez.</u>
    (voz pasiva)                    (voz pasiva)

- COMPLEMENTOS:

—El OBJETO DIRECTO (O. D.) es aquel elemento oracional que
completa un verbo y guarda una relación directa con su significado.
*Ejemplo:*

*Alicia recogía <u>un grupo de caracoles.</u>*
                  O.D.

—El OBJETO INDIRECTO (O. I.) completa al verbo a través del
directo, o sea, indirectamente.
*Ejemplo:*

*La mamá /compró un mantecado /al hijo .*
              O.D.              O.I.

—El *COMPLEMENTO CIRCUNSTANCIAL* es el complemento que modifica al núcleo verbal.

*Ejemplo*:

<u>La semana pasada,</u> *Alicia recogía un grupo de caracoles.*
   c. c.

Esta categoría gramatical deberá estudiarse cuidadosamente y es conveniente ofrecer práctica en el reconocimiento y uso de los verbos. Cuide de no presentar todos los conceptos a la vez, pues el alumno puede confundirse. Esté seguro que sus estudiantes entienden bien un concepto antes de pasar a otro. Es de suma importancia que se presente esta categoría a los alumnos de forma funcional. Además de que el estudiante reconozca las diferentes formas verbales y todos sus aspectos, es muy necesario que sepa por qué se usa determinado tiempo verbal.

Antes de continuar, deseamos señalar que el gerundio debe usarse con cautela. En español no debe abusarse de su uso. Siempre que se pueda, debe evitarse.

Los alumnos realizarán los ejercicios del *Cuaderno* con la mínima ayuda del maestro. Pero se ofrecerán siempre unas instrucciones claras y precisas. Los estudiantes que no puedan trabajar sin ayuda serán dirigidos por el maestro, también podrá hacerlo algún tutor.

Hacemos hincapié, una vez más, en que el maestro esté pendiente y diagnostique constantemente para que pueda dar a tiempo la ayuda que cada alumno necesite.

# IX. EL ADVERBIO

El adverbio no admite morfemas de género, de número ni de persona, pero en las formas derivadas de adjetivos puede adoptar los de grado y derivación (*rapidísimo, bonitísimo*). Funcionalmente, podemos decir que el adverbio modifica al verbo lo mismo que el adjetivo modifica al sustantivo. Sintácticamente, suele actuar como modificador del núcleo del predicado.

*Ejemplos:*

*El niño comió <u>mucho</u>.*
               adv.

*La niña comió <u>mucho</u>.*
               adv.

*Los niños comieron <u>mucho</u>.*
                 adv.

Nótese que las oraciones anteriores demuestran que el adverbio no admite morfemas de género, de número ni de persona.

El sufijo -*mente* puede unirse a adjetivos para formar adverbios.

*Ejemplos:*

*rápidamente, fácilmente*, etc.

El adverbio puede complementar a:

—Un verbo:

*<u>Corre</u> <u>**rápidamente.**</u>*
verbo        adv.

—Un adjetivo:

*Las nubes están <u>**muy**</u> <u>oscuras.</u>*
               adv.      adj.

—Otro adverbio:

*Llegó* **bastante** **tarde.**
        adv.      adv.

Hay adverbios de:

| | |
|---|---|
| —NEGACIÓN: | *No vendrá* **jamás.** |
| —AFIRMACIÓN: | *Vendrá,* **sí.** |
| —DUDA: | **Probablemente** *no venga.* |
| —MODO (dice cómo): | *Llegará* **bien.** |
| —TIEMPO (dice cuándo): | *Llegó* **ayer.** |
| —LUGAR (dice dónde): | *Llegará* **allá.** |
| —CANTIDAD (dice cuánto): | *Viajó* **mucho.** |

Las *FRASES O LOCUCIONES ADVERBIALES* son grupos de palabras que desempeñan en la oración el oficio de adverbio.
*Ejemplos*:

*Lo hizo* **a ciegas.**
*Se despidió* **a la francesa.**
*Viene* **de vez en cuando.**
*Lo tomó* **a hurtadillas.**
*Lo hizo* **a sabiendas.**

Recomendamos, nuevamente, que el acercamiento al estudio del adverbio (al igual que a cualquier otra categoría gramatical), se haga siempre dentro de un contexto lingüístico, articulado con la literatura y otros materiales curriculares y armonizándolo con los distintos aspectos del lenguaje.

El maestro podrá iniciar una conversación sobre cualquier tema de interés para los niños de este Nivel. (Podrá utilizar láminas, adivinanzas, cuentos, canciones, etc.)

Por ejemplo: supongamos que el maestro presenta una lámina en la que se ilustra un atardecer y un joven con su perro. (Podría ser cualquier tema apropiado.)

Los alumnos, motivados por el profesor, podrían redactar el siguiente párrafo:

Por la vereda iba **lentamente** el joven con su perro. Llevaba con **mucho** cuidado un cántaro **bajo** su brazo. El joven caminaba **muy** despacio y entonaba **dulcemente** una canción. Había caminado **demasiado**. Ya se veían a lo **lejos** los primeros albores de la luna. **Pronto** llegaría a su querido hogar. Llegaría **muy** feliz.

Se analizarán las oraciones. Luego se harán cercos alrededor de los verbos y se subrayarán los adjetivos. Los estudianes, con la ayuda del maestro, buscarán aquellas palabras que complementan al verbo, al adjetivo o a otro adverbio.

El educador podrá ayudar a los estudiantes a través de preguntas como las siguientes:

¿Cómo iba el joven?
¿Cómo llevaba el cántaro?
¿Cómo caminaba?
¿Cuándo llegará a su hogar?, etc.

El maestro proveerá actividades variadas para la identificación y uso del adverbio, como por ejemplo: redactar oraciones donde se use el adverbio; presentar juegos y adivinanzas para la identificación del mismo, etc. Además, los alumnos realizarán los ejercicios que aparecen en el *Cuaderno del estudiante*, prestando atención a aquellos estudiantes que lo necesiten.

# X. LA PREPOSICIÓN

La preposición, sintácticamente, expresa una relación. Une una palabra con su complemento.

*Ejemplo*:

<u>La jarra</u>   ***de***   <u>cristal</u> *tiene agua clara.*
sust.      prep.      sust.

Las preposiciones son:

| | | |
|---|---|---|
| *a* | *desde* | *según* |
| *ante* | *en* | *sin* |
| *bajo* | *entre* | *so* |
| *cabe* | *hacia* | *sobre* |
| *con* | *hasta* | *tras* |
| *contra* | *para* | |
| *de* | *por* | |

Las preposiciones establecen relaciones entre los elementos que unen. La relación puede ser de:

—LUGAR: *El gato está **en** la mesa.*
—TIEMPO: *Me quedaré **hasta** el domingo.*
—POSESIÓN: *La orquídea es **de** mi hermana.*
—COMPAÑÍA: *Mamá viene **con** su sobrino.*
—DIRECCIÓN: *Va **hacia** ti.*
—POSICIÓN: *Mi bolso está **sobre** la mesa.*
—ORIGEN: *Está callada **desde** que llegó.*

El profesor podrá utilizar las siguientes adivinanzas para introducir el tema y a la vez repasar funcionalmente esta categoría gramatical. (Estas adivinanzas pertenecen al folklore puertorriqueño.)

**Por** fuera es verde,
blanca **por** dentro,
**con** muchas negritas
**en** el centro.

(la guanábana)

Cuando voy **a** bailar
me pongo la capa,
cuando bailo me la vuelvo **a** quitar...
no puedo bailar **con** la capa,
y **sin** la capa tampoco puedo bailar.
(el trompo)

Una manta negra
se cayó **en** el mar
ni los gatos, ni los perros
la pueden encontrar.
(la noche)

Eres madre **de** todas las sombras
y borradora **de** siluetas.
(la noche)

**En** el medio del mar estoy;
no soy astro ni estrella,
ni tampoco luna bella.
Adivina lo que soy.
No soy **de** Dios ni del mundo
ni del infierno profundo;
**en** medio del mar estoy.
(la letra a)

Sin ser un auto **de** fe
móvil soy **en** mi carrera;
**por** la larga carretera,
**de** toditos me aparté;
mis ojos cristales son
y mi rebuznar **de** toro
asusta y **hasta** incomoda
al pacífico viandante;
si no se quita **de** delante
le revuelco **entre** el arroyo.
(el automóvil)

**En** el cielo hay un platillo
todo lleno **de** avellanas,
**por** el día se recogen,
**por** la noche se derraman.
(las estrellas)

Cien varillitas
**en** un varillar
ni secas ni verdes
se pueden cortar.
(los rayos del sol)

**Por** aquí pasó un galán
todo vestido **de** seda,
ni es cosido **con** aguja
ni cortado **con** tijeras.
(el gallo)

Los alumnos leerán las adivinanzas para observar las palabras subrayadas. Luego, discutirán cuál es el uso e importancia de dichas palabras. Los estudiantes leerán otros trozos literarios para identificar las preposiciones.

Tratarán de leer oraciones y eliminar las preposiciones. Discutirán lo que notan al eliminarlas. Después los alumnos trabajarán los ejercicios del *Cuaderno del estudiante*.

El maestro evaluará para determinar si necesita ofrecer más ayuda en esta categoría gramatical.

# XI. LA CONJUNCIÓN

Une dos elementos iguales o análogos. Las conjunciones unen fundamentalmente oraciones o proposiciones. Pueden unir:

a) dos sujetos:

*El helado y el bizcocho están sabrosos.*

b) dos verbos:

*¿Tomas o comes algo?*

c) dos adjetivos:

*El caballero es honrado e inteligente.*

ch) dos sustantivos:

*María y Ana son hermanas.*

d) dos proposiciones:

*(El caballo es ágil) y (sube la colina.)*

Pueden, además, combinarse varias palabras, locuciones conjuntivas, para funcionar como conjunción.
*Ejemplos:*

*ya que*
*no obstante*
*así que*
*antes bien*
*por mucho que*
*o sea.*

Existen dos grupos de conjunciones: las **coordinantes** y las subordinantes. Las *COORDINANTES* son las que relacionan dos palabras de igual función gramatical o dos proposiciones de igual categoría. Se dividen, a su vez, en *copulativas, disyuntivas* y *adversativas*.

a) COPULATIVAS: relacionan uniendo palabras o proposiciones. Son: *y, e, ni.*
*Ejemplos:*

*Lorenzo **y** Pedro son hermanos.*
*Me molesta **e** inquieta tu actitud.*

b) ADVERSATIVAS: la segunda palabra o proposición que relaciona modifica la primera. Son: *pero, mas, sino,* etc.
*Ejemplos:*

*Llovía, **pero** no muy fuerte.*
*No lee poesías, **sino** novelas.*

c) DISYUNTIVAS: expresan una relación de exclusión o selección. Son: *o, u, o bien.*
*Ejemplos:*

*Puedes venir **o** quedarte.*
*Iremos al cine **o bien** al teatro.*

Las conjunciones **SUBORDINANTES** son las que unen dos proposiciones de distinto rango. Aunque se subdividen en varias clases, en este Nivel las estudiaremos todas bajo el nombre de subordinantes. Son: *luego, pues, porque, como, aunque,* etc.
*Ejemplo:*

*Trataré de ir* **aunque** *se haga tarde.*
   prop.             prop.
   principal        subordinada

Se repasarán las destrezas de identificar la conjunción y su función en la oración. Para ello, se utilizarán poemas, adivinanzas o cualquier trozo literario apropiado al nivel. Es necesario que el alumno se dé cuenta de la importancia que ejercen estas pequeñas partículas en la oración.

Los alumnos trabajarán en el *Cuaderno del estudiante*. El maestro ofrecerá ayuda individual si es necesario.

# XII. OTROS RASGOS GRAMATICALES:
# EL NÚMERO

En español existen dos números: **singular** y **plural**.

El número es SINGULAR cuando el nombre se refiere a una sola cosa. Cuando está en singular admite la compañía del artículo *el, la,* o de otros determinantes en singular que convengan, o también adjetivos en singular como *lindo, linda,* etc.

El número es PLURAL cuando se refiere a más de una cosa. Se forma al añadir el morfema *-s* o *-es* al singular. Cuando el número es plural admite los artículos *los, las,* otros determinantes en plural y las formas plurales de los adjetivos, como *lindos, lindas,* etc. El sustantivo, el adjetivo y el verbo deben concordar en número.

En este Nivel 6 se mantendrá el reconocimiento y uso correcto del número, se hará hincapié en las formas especiales de singular y plural: palabras que se escriben igual tanto en el singular como en el plural (*el paraguas, los paraguas*); palabras que se escriben en singular, pero que comprenden más de uno (*enjambre, palmar*), el colectivo.

Por medio de ejercicios variados y del análisis de oraciones, los alumnos deberán formar el plural de las diferentes palabras (añadiendo *-s/-es* al singular y cuando terminan en *-z*, cambiar la *-z* por *-c-* y añadir *-es.*).

*Ejemplos:*

*jirafa - jirafas*
*árbol - árboles*
*pez- peces*

Además, deberán distinguir la concordancia que existe entre artículo, sustantivo, verbo y adjetivo. Los estudiantes observarán cómo el sustantivo determina a sus acompañantes y al núcleo del predicado, de manera tal que si el número cambia en el sustantivo, también cambia en sus determinantes, adjetivos y verbos de la oración. Deberá ofrecerse suficiente práctica en este aspecto. El maestro utilizará selecciones para clasificar el número singular y plural en los sustantivos, adjetivos y verbos.

El profesor ofrecerá oraciones o palabras en singular para que los alumnos las cambien al plural y viceversa.

En el momento en que el educador considere conveniente, los alumnos trabajarán los ejercicios del *Cuaderno del estudiante.*

# XIII. OTROS RASGOS GRAMATICALES:
## EL GÉNERO

El género es otro rasgo gramatical. Los sustantivos de lengua tienen dos géneros: masculino y femenino. El género no es una variación regular del nombre pues no hay nada que indique que *goma* es femenino y que *libro* es masculino. Hay muchos nombres femeninos que terminan en *a* (como en *cara*) pero hay otros que tienen otra terminación, como en *clase*. Los nombres inanimados no tienen nada que indique su género: *fiesta, silla*, son femeninos; *cielo, cuento*, son masculinos. Las cosas no tienen sexo femenino ni masculino, pero se les atribuye uno u otro género según puedan llevar delante el artículo *el* para masculino y *la* para femenino.

El cambio de género en el nombre no siempre se hace de la misma forma. Muchas veces se forma el femenino cambiando la *o* y la *e* por *a;* otras, se cambia la terminación. A veces, la palabra en femenino es completamente diferente al masculino de la misma especie.

*Ejemplos*:

*perro - perra* (cambia la *o* por *a*)
*príncipe - princesa* (cambia la terminación)
*caballo - yegua* (el femenino es una palabra totalmente distinta).

En esta categoría gramatical se pone al alumno en contacto con las diferentes maneras de expresar el masculino y el femenino de nombres, personas, animales y cosas. Así los alumnos distinguirán y formarán uno, cuando se les dé el otro. Se insistirá para que quede claro al estudiante, que cuando en una misma oración aparecen sustantivos femeninos y masculinos la concordancia del adjetivo se hará con el masculino.

*Ejemplos*:

*El león y la leona son hermosos.*
*María y Julián son estudiosos.*

Los estudiantes podrán realizar generalizaciones respecto a la formación del femenino y del masculino. El maestro presentará un párrafo como el siguiente para que los alumnos cambien el género de las palabras subrayadas. No olvidarán la concordancia de los determinantes que los acompañan.

> En la parada de guaguas esperan un <u>señor</u> y su <u>esposa.</u> Esperan ansiosos la guagua que tanto hace desesperar a sus <u>abonados.</u> En la esquina, el <u>padre</u> y su <u>hijo</u> también se ven <u>ansiosos.</u> Miran hacia todos los lados para ver si encuentran algún <u>amigo</u> que les dé pon. Siempre sueñan con alguien que los recoja. De pronto, el chirriar del autobús y <u>los soñadores</u> vuelven a la realidad.

Se comenzará por cambiar el género de las palabras subrayadas, después se preguntará: ¿Cambia el mensaje del párrafo? ¿Qué imagen captaste en el párrafo antes de cambiarlo? ¿Qué imagen captaste al cambiar el género de las palabras subrayadas?

Además del femenino y del masculino, es importante que los niños distingan:

—Las palabras que no tienen género gramatical definido (*ambiguas*):

*el mar - la mar*
*el azúcar - la azúcar*

—*Género epiceno*:

*la hormiga macho y la hormiga hembra*
*el pez macho y el pez hembra*

El género y el número son los constituyentes de sustantivo.

Después de hacer las actividades sugeridas, pueden realizarse otras que el maestro estime necesarias. Así, y a través de los ejercicios que el *Cuaderno* ofrezca, los estudiantes captarán de forma funcional los conceptos que se incluyen en esta sección.

# XIV. LA CONCORDANCIA

La concordancia es la igualdad de género y número que debe mantenerse entre el artículo, el sustantivo y el adjetivo (*el libro rojo - la libreta roja*); y la igualdad de número y persona entre el verbo y el sujeto (*yo hablo - nosotros hablamos*).

Es importante que el alumno capte la relación de concordancia entre las palabras que así lo exigen. Veamos detenidamente cada caso.

— Concordancia en género y número:

1. El artículo y el sustantivo:

*el león - la leona*
*los leones - las leonas*

2. El sustantivo y el adjetivo:

*gato negro - gata negra*
*gatos negros - gatas negras*

3. El demostrativo y el sustantivo:

*este mexicano - esta mexicana*
*estos mexicanos - estas mexicanas*

— Concuerdan sólo en número el sustantivo y el verbo:

*El niño corre.*
*La niña corre.*
*Los niños corren.*
*Las niñas corren.*

El maestro deberá recordar a los alumnos e insistir en que cuando en una oración aparecen varios sustantivos de género masculino y femenino, la concordancia del adjetivo se hará en masculino.

*Ejemplo*:

*Ángel y María son <u>buenos</u> estudiantes.*

# XV. LA FONOLOGÍA

La **FONOLOGÍA** es la parte de la Gramática que estudia los fonemas de la lengua. El fonema es el sonido que está en nuestras mentes. Es el sonido que el que habla desea pronunciar. El fonema pertenece a la lengua. La Fonología se relaciona con la Fonética, ambas tratan de los sonidos de una lengua aunque desde puntos de vista diferentes.

Los fonemas son muy pocos y forman un número fijo en cada idioma. Con ellos se forman todos los morfemas, las palabras y las oraciones. Los fonemas pueden ser: **CONSONÁNTICOS** (relativos a las consonantes) y **VOCÁLICOS** (relativos a las vocales).

Es conveniente aclarar que no existe una correspondencia absoluta entre los fonemas y las letras del alfabeto. Hay más letras que fonemas en nuestro idioma.

Conocer el alfabeto es imprescindible para los alumnos de este Nivel 6. Insistimos en la importancia de que conozcan bien el alfabeto o abecedario para que desarrollen y perfeccionen la destreza en el manejo del diccionario. El maestro fomentará en el alumno el uso del diccionario. Éste deberá ocupar un lugar importantísimo dentro de sus actividades. Hay que acostumbrarles a recurrir al diccionario siempre que sea necesario.

Ya los alumnos de este Nivel deben saber organizar palabras en orden alfabético, no sólo en lo que respecta a la letra inicial, sino también a las letras siguientes. (Por lo menos hasta la cuarta.)

En este Nivel 6 se dará mantenimiento a las destrezas relacionadas con la identificación de la sílaba. Los alumnos deberán entender que en el lenguaje oral la sílaba se caracteriza porque se pronuncia en un solo impulso de la voz. También esto es de trascendental importancia para la escritura correcta.

Se repasará la clasificación de las palabras según el número de sílabas:

1. *MONOSÍLABAS*: palabras de una sola sílaba.
   *Ejemplos*:

   *un, su, con, fe, mar, sol, sal.*

2. *BISÍLABAS*: palabras de dos sílabas.
   *Ejemplos*:

   *rosa, capa, mejor, árbol, cine.*

3. *TRISÍLABAS*: palabras de tres sílabas.
   *Ejemplos*:

   *cazador, manera, pesado, cámara, libreta.*

4. *POLISÍLABAS*: palabras de más de tres sílabas.
   *Ejemplos*:

   *maromero, susurrante, luminiscente, ferrocarril, geometría.*

Se sugieren las siguientes actividades como medio de comprobar hasta qué punto los alumnos han desarrollado dichas destrezas.

El maestro podrá presentar una serie de oraciones para que los alumnos las lean despacio, de tal forma que se escuchen. Luego, harán una línea diagonal (/) donde se hace pausa en cada palabra.

¿A qué conclusión llegan?

Notarán que cada palabra se compone de una serie de unidades más pequeñas que se unen para formarla.

¿En qué consiste cada partícula?

Los alumnos podrán formar tantas palabras como puedan con pequeñas unidades como las siguientes: *fue, tras, be, des, su, mis, fa, ja, no,* etcétera.

También los estudiantes clasificarán en: sílabas, palabras y letras.

*Ejemplos*:

| | |
|---|---|
| *tin: sílaba* | *en: palabra* |
| *pun: sílaba* | *ch: letra* |
| *mi: palabra* | *con: palabra* |
| *dúo: palabra* | *b: letra* |

Los ejercicios de práctica que se ofrezcan para mantener estas destrezas no deben convertirse en actividades repetitivas y monótonas. Hay que establecer asociaciones continuas con los intereses y necesidades de los estudiantes. No se limitará a la mera abstracción, porque una enseñanza gramatical exclusivamente teórica, impide el desarrollo del conocimiento del lenguaje funcional y activo.

Se realizarán ejercicios para que los alumnos clasifiquen las palabras de acuerdo con el número de sílabas, localizarán la SÍLABA TÓNICA (aquella que lleva la fuerza de la pronunciación, puede no llevar acento ortográfico) y clasificarán las palabras según el lugar que ocupa esta sílaba tónica.

Después que el estudiante tenga estos conceptos claros y que estas formas gramaticales tengan sentido para él, pasará a trabajar en el *Cuaderno del estudiante*.

Lo esencial es que los conceptos se fijen en la mente del alumno, no como abstracciones, sino como representaciones de cosas significativas para él.

# XVI. LA ORTOGRAFÍA

La ortografía es el estudio de la forma de representar por medio de las letras, los fonemas del lenguaje. Incluye la escritura correcta de las palabras y el uso de una serie de signos que reflejan diferentes aspectos de la significación de las palabras: mayúsculas, acentos, puntuación.

Muchos lingüistas modernos no consideran la ortografía como parte de la gramática, pero creemos que ésta es de suma importancia para los alumnos para llevarlos a corregir diversos errores que se cometen a menudo, sobre todo en el momento en que se da paso al proceso de la escritura. Por ello la incluimos en este enfoque del estudio de la gramática. Se han incorporado unas nociones de carácter ortográfico, con el fin de conseguir un mayor grado de corrección en la expresión escrita de los estudiantes.

Los enfoques que presentamos son esencialmente prácticos. Entendemos que la ortografía, al igual que la pronunciación, constituye una serie de hábitos que se adquieren a través de la práctica cuidadosamente seleccionada. Así pues, parte del uso y manejo del idioma en función. Por tal razón, requiere un diagnóstico constante, atención esmerada y corrección sistemática de las dificultades y errores que presentan los alumnos, sobre todo en los siguientes aspectos: secuencia de las letras en el alfabeto, uso correcto de las letras mayúsculas, minúsculas, vocabulario, acentuación y puntuación.

Para adquirir el dominio de las destrezas ortográficas, las situaciones que se presenten deberán ser significativas e interesantes para el estudiante.

Se espera que en este Nivel los estudiantes:

— Reconozcan y usen correctamente el alfabeto.
— Distingan y usen de forma correcta las letras mayúsculas y minúsculas.

— Usen convenientemente palabras de ortografía dudosa y letras que suelen confundirse: *mb*, *mp*, *nv*, *nf*; etcétera.

— Reconozcan, clasifiquen y distingan palabras por el acento, el número de sílabas, uso del diptongo, hiato y triptongo.

— Identifiquen y usen correctamente los signos de puntuación.

— Usen las abreviaturas más comunes y las siglas como forma de abreviar.

— Utilicen eficazmente el diccionario.

Sugerimos algunas actividades, pero el maestro está en libertad de enriquecer, crear otras o sustituir, si lo cree conveniente.

Es necesario que el maestro conozca bien al estudiante, diagnostique sus necesidades en lo que se refiere al uso correcto de la ortografía. Así el profesor podrá atender mejor las diferencias individuales de sus estudiantes, en el manejo y uso adecuado de la lengua escrita de forma continua y progresiva. (También en la lengua oral.)

El ambiente de enseñanza y aprendizaje deberá ser práctico y estimulante para el estudiante

El maestro tendrá un cambio de impresiones con los alumnos para explorar sus actitudes ante la lengua escrita. (Podrá partir de algún ejercicio escrito que los alumnos hayan realizado.)

Los educandos conversarán y harán ejercicios orales y escritos por medio de los cuales el maestro identificará las deficiencias y las necesidades de ellos en lo referente a la ortografía.

Se leerán poemas, selecciones en prosa, leyendas, cuentos, etc., para propiciar el aprendizaje.

El profesor ofrecerá ejercicios de práctica en diversos aspectos ortográficos como: ordenar alfabéticamente, usar correctamente las letras mayúsculas y minúsculas, palabras de ortografía dudosa, acentuación, puntuación, etc.

Estos ejercicios se discutirán y se clarificarán las dudas.

El maestro utilizará los ejercicios del *Cuaderno del estudiante* de acuerdo con las dificultades que haya detectado. Los utilizará de acuerdo con la realidad lingüística de sus alumnos.

Las lecciones y actividades que el maestro provea deberán responder al currículo del nivel y *siempre* se partirá de la obra literaria. De esta manera el estudiante captará la conexión que debe existir entre la obra literaria y la lengua, o sea, la lengua en función y la gramática al servicio de ella.

El maestro corregirá y verificará las contestaciones de los ejercicios del *Cuaderno* en colaboración con los estudiantes. El maestro es el consultor y guía en el proceso de aprendizaje. El estudiante, al revisar y evaluar sus contestaciones, se percatará de sus errores, que irá corrigiendo.

El maestro dispone de una información pormenorizada sobre los contenidos de este apartado en la *Gramática del maestro;* siempre que tenga dudas, acuda a ella.

# OBSERVACIONES GENERALES

Recomendamos al maestro que estudie muy cuidadosamente la *Gramática del maestro* para que domine, en toda su amplitud, los conceptos gramaticales modernos, aunque los simplifique para sus estudiantes.

Insistimos una vez más en que la enseñanza de la gramática estructural tiene que articularse con todas las artes del lenguaje. De esta manera, el estudiante se dará cuenta de que las mismas son partes de un todo. Por tal razón, la gramática nunca deberá aislarse de las otras artes.

Ésta es sólo una *Guía* y deberá utilizarse de forma práctica y creadora. Podrá y deberá ajustar su contenido a las necesidades particulares de cada alumno en su grupo. Aquí se sugieren una serie de actividades y ejercicios. Estos son sólo un ejemplo de cómo el maestro puede desarrollar sus clases. La selección última de las actividades y de los materiales que se utilicen es prerrogativa del maestro, pues sólo él conoce las necesidades y los intereses de sus estudiantes.

No queremos terminar este trabajo sin recordar, una vez más, que esta *Guía* no sustituye los libros de texto que se usan en este Nivel. Servirá únicamente como material complementario que enriquece el proceso de enseñanza.